나는 티파니보다
작은 쥬얼리샵이 좋다

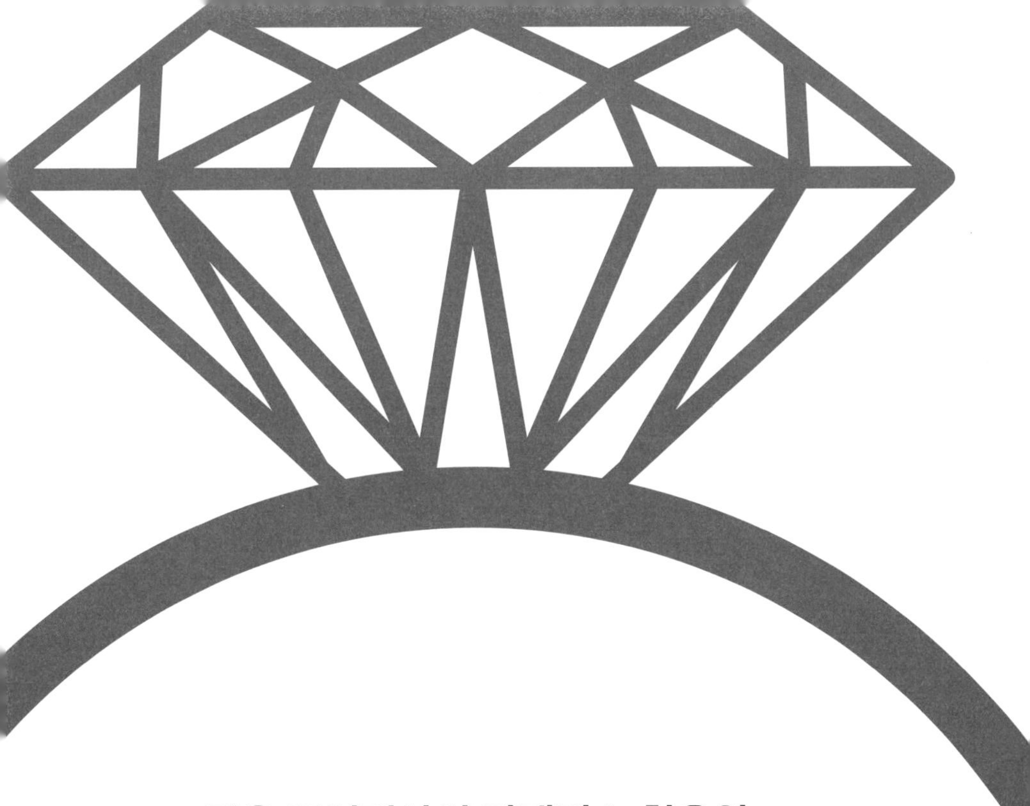

작은 쥬얼리샵의 마케팅 노하우와
고객과 소통하는 스토리텔링

나는 티파니보다 작은 쥬얼리샵이 좋다

이종원 지음

한국경제신문i

프롤로그

외길인생 31년 한 우물을 파왔습니다. 사람은 한 우물을 파야 성공한다는 옛날 어른들의 말씀을 새기며 자라와서 일지도 모릅니다. 아니면 별다른 재주가 없어서 일지도 모릅니다. 그저 천직으로 알고 묵묵히 지내온 세월이 어느덧 많이도 흘러간 듯합니다. 그렇다고 제가 올드한 사람은 아닙니다. 종로3가 귀금속상가의 아침을 여는 부지런함과 시대에 맞는 마케팅 영업으로 불황을 이겨내고 나이도 잊은 채 바쁘게 지내고 있습니다. 맛집을 찾아가듯이 고객이 찾아오는 곳입니다. 화려하지는 않지만, 믿음과 신뢰가 있는 곳입니다.

귀금속이라 하면 왠지 모를 부담 때문에 쉽게 접근할 수 없었던 때도 있었습니다. 하지만 요즘은 대중화로 누구나 쉽게 접근할 수 있는 쥬얼리가 있습니다. 종로3가 주인장의 작은 쥬얼리샵에는 많은 일이 일어나고 있는 곳입니다. 몇 년 전 여자 친구와 커플링을 하고 간 커플이 오랜만에 다시 찾아주었습니다. 그동안 서로의 사랑이 자라 결혼하게 되었다며 결혼예물을 하러 다시 찾아주셨습니다. 오랜만에 보는 커플이 얼마나 반갑던지요. 마치 여행이라도 갔다 돌아온 자식 같은 느낌도 들었었습니다. 또한, 결혼 커플링을 한 고객이 아기를 낳아 아기를 안고 돌 반지를 사러 찾아오셨던 고객도 기억에 남습니다. 100일, 200일, 300일 기념을 기념하기 위해 커플링을 하러 찾아준 20~30대 커플 고객도 있었고, 결혼 10주년, 20주년, 30주년을 기념하기 위해 찾아주시는 고객의 사연도 있습니다, 깜짝 선물로 남편이 준비하거나 때론 남편 몰래 준비한 부인도 있었습니다.

그렇다고 즐거움만 있지는 않았습니다. 슬픈 사연들도 있었습니다. 남편의 갑작스러운 사고로 세상을 떠나자 딸 둘과 함께 힘내 보자는 의미로 뱅글 팔찌에 본인과 딸들의 이름을 새겨 넣어 구매한 가슴 뭉클한 사연도 있었습니다, 또한 아빠가 갑자기 돌아가셔서 엄마가 너무 힘들어하시는 모습을 보고 동생과 함께 반야심경 반지와 옴마니반메훔 반지를 가족 반지로 구매해준 애틋한 사연이 담긴 불교 반지도 있었습니다. 누군가에게는 즐거움으로, 또 누군가에게는 슬픔으로 남다른 의미가 담겨 있는 쥬얼리도 있었습니다.

주인장의 작은 쥬얼리샵은 고객들의 재구매가 많은 곳이기도 합니다. 매장 한 번 방문하지 않은 고객들의 재구매라서 더욱 의미가 있다고 봅니다. 얼굴 한 번 보지 않고 멀리 지방에서 카카오톡 상담으로 구매를 해주시는 고객님들입니다. 한 번이 두 번, 세 번, 네 번으로 이어지는 재구매는 고객 만족과 고객 감동이 없이는 결코 일어나기 쉽지 않습니다. 언제나 믿음과 신뢰로 찾아준 고객들에게 최선을 다하려고 하기에 고객은 재구매로 보답을 주시고 계신 듯합니다. 요즘 고객들은 정보를 빨리 찾습니다. 뭐든 원하는 건 검색으로 찾아내고 살펴보고 찾아갑니다. 주인장의 작은 쥬얼리샵에도 SNS가 있습니다. 요즘은 작은 규모의 매장을 운영해도 SNS는 필수라고 할 수 있습니다. 블로그와 카페, 페이스북, 인스타그램, 카카오스토리, 카카오채널 등, 가능한 한 모든 채널을 운영하고 있습니다. 고객과 실시간 소통을 하며 고객이 원하는 걸 찾아드리고 있습니다.

6년 전 블로그(Blog)의 블 자도 모르던 주인장이 블로그를 시작하게 됩니다. 백화점에서 나와 종로3가에 자리를 옮긴 지 5년이 되던 해였습니다. 장사란 우선 목이 좋아야 별다른 영업이나 마케팅 없이도 매출이 발생합니다. 그러나 그렇지 못한 곳에 자리를 폈으니 장사가 잘될 턱이 없었습니다. 25년 한 우물을 파왔던 귀금속업을 그만두어야 할 상황까지 가게 되었습니다. 간절히 원하면 이루어진다 했나요? 어느 날부터 고객들이 블로그를 보고 하나둘 찾아오기 시작했습니다. 무식하면 용감하다 했나요? 아무것도 모르니 무서울 것도 없었고 창피할 것도 없었습니다. 물어 물어가며 부족한 포스팅을 올리게 되었습니다. 지푸라기라도 잡는 심정이었습니다. 블로그는 주인장에게 생명과 기적 같은 존재가 되었습니다. 밤잠을 아끼며 노력한 결과로 일일 방문자가 2000명 선이 되는 블로그로 성장을 했습니다. 컴맹이 용이 되었습니다. 이제는 이렇게 용기 내어 책도 쓰게 되었으니 말입니다.

모든 SNS가 모이는 곳은 카카오톡입니다. 벌써 오래전부터 카카오톡 친구가 9,960명으로 꽉 차 있어 더 이상 친구 등록이 안 되는 상태로 있습니다. 새로운 친구로 등록은 되고 있어 상담은 언제든 가능합니다. 카카오톡 친구 9,960명, 플러스친구 1,020명으로 실시간 고객과의 상담하고 있는 주인장입니다. 상담을 마친 고객도 있고, 언제고 문의를 할 수 있는 잠재적 고객으로도 있습니다. 고객과의 실시간 소통으로, 얼굴도 보지 않은 고객이 구매로 이어집니다. 절대 쉽지만은 않습니다. 30분 이상 한 시간 이상으로, 길게는 며칠 또는 몇 달까지 상담이 이어지는 경우도 많습니다. 고객이 바쁠 땐 쉬었다가, 생각나면 또 오기를 반복하면서 상담을 계속 이어나가고 있습니다.

상담은 빠르고 정확하게 합니다. 때로는 나이스 하고 깔끔하게도 합니다. 욕심을 버리니 고객이 찾아왔습니다. 반지나 팔찌, 목걸이 등을 주문하게 되면 상담 시 중량에서 완성 후 중량은 반드시 + − 된다는 불편한 진실을 알고 있는지요? 주문한 반지는 손가락 호수에 따라 완성 후 중량은 언제나 + − 됩니다. 덜 나오면 빼 드리고, 더 나오면 더 주시는 투명하고 합리적인 중량 정산 환급제를 나름 만들어 시행하고 있습니다. 고객들의 반응은 매우 뜨거웠습니다. 고객의 소중한 재산을 지켜드리고 소비자의 권리를 찾아드리는 중요한 역할을 했다고 봅니다. 이러한 발상 덕분에 기존 사고의 틀에서 벗어나 새로운 발상으로 일하는 방식을 개선, 혁신한 사람으로 인정되어 한국신지식인협회 자영업 분야(16-104)에 신지식인으로 선정되었습니다. 귀금속업종에서는 최초라고 합니다.

이 책은 그동안 찾아주신 고객들에게 조금이나마 감사의 표시를 전하고자 시작하게 되었습니다. 주인장의 책 한 권이 고객들의 마음에 얼마나 자리를 펼 수 있을지는 모릅니다만, 고객들을 생각하며 진심을 담았습니다.

주원쥬얼리 **이종원**

차례

PART 03 고객이 이끌어간다

PART 04 작은 가게 매출 올리는 매뉴얼

PART 05 새로운 매출을 만드는 브랜딩 매뉴얼

PART 06 작은 가게 경쟁력 높이기

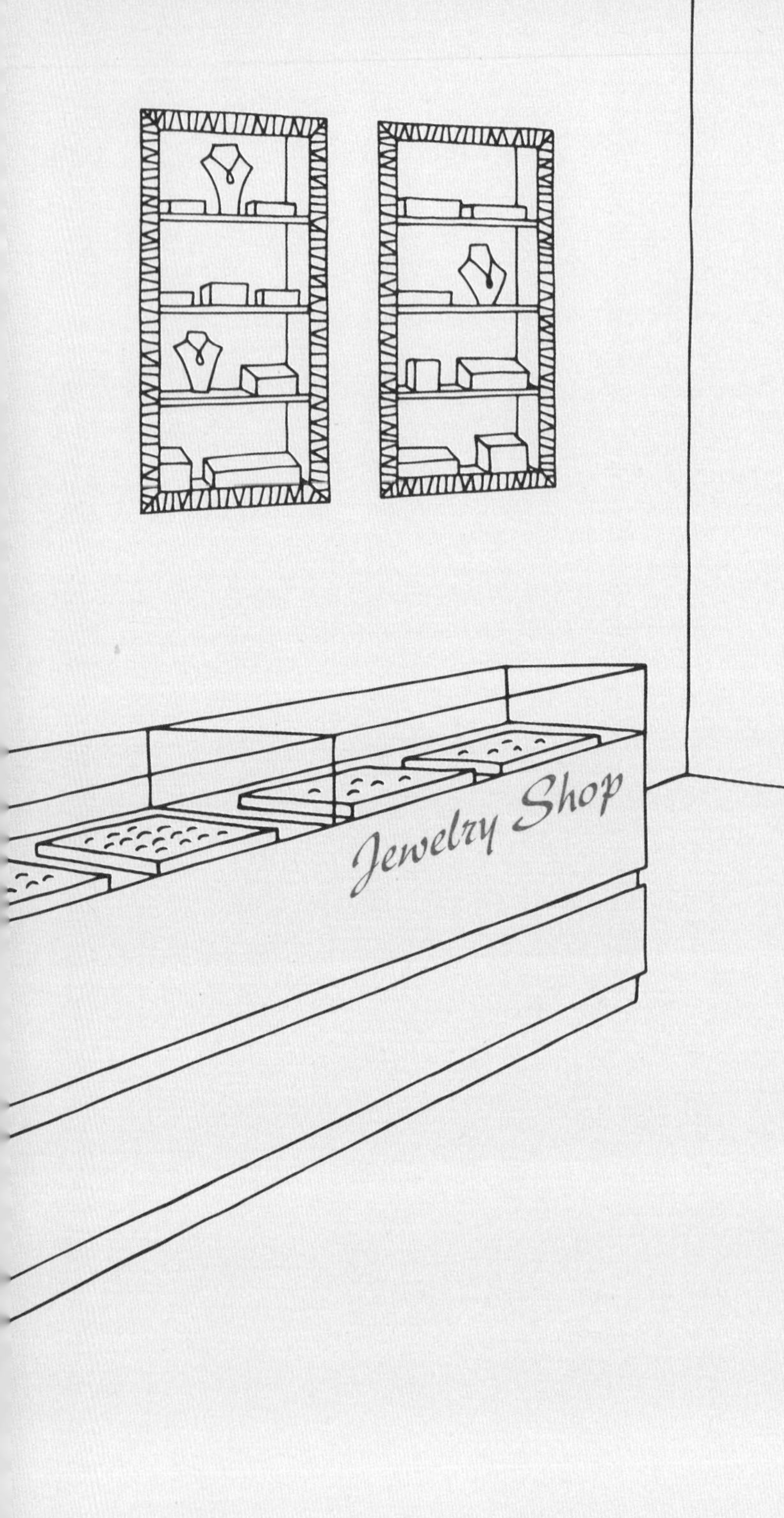
Jewelry Shop

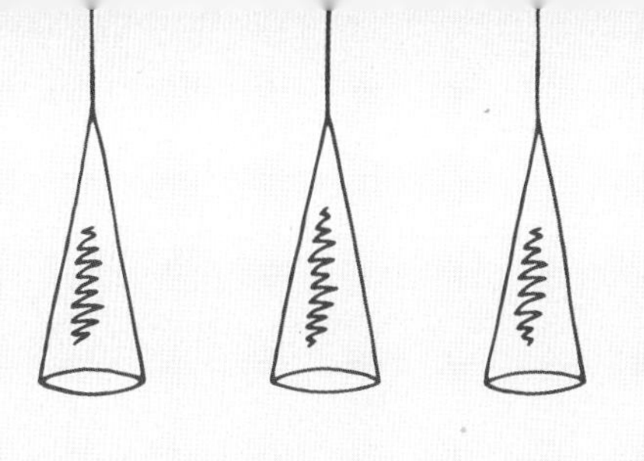

PART 01

티파니는 직원이 판매하고 작은 쥬얼리샵은 사장이 판매한다

고객을 항상 반기는 건 사장이다

많은 고객들이 티파니와 작은 쥬얼리샵의 차이를 잘 모르고 있는 듯합니다. 티파니는 예쁘고 좋은 줄로만 알고 작은 쥬얼리샵은 조금 덜 예쁘고 약하다고 생각할 수도 있습니다. 하지만 작은 쥬얼리샵은 티파니와 다르게 모든 것을 사장이 처음부터 끝까지 직접 진행하고 있습니다. 사장이 모든 것을 책임지고 있고, 모든 것을 알고 있다고 할 수 있습니다.

귀금속상가가 늘어져 있는 종로3가에서 어디를 가야 할지 모르겠다고 말하며 찾아주는 고객, 멀리 2~3시간이 넘는 거리도 마다하고 차를 몰아 찾아주는 고객, ktx를 타고 지하철로 갈아타고 찾아주는 고객, 또는 해외에서 비행기를 타고 찾아주는 고객(물론 겸사겸사겠지만)들이 종로3가 작은 쥬얼리샵 주인인 저를 찾아옵니다.

맛집을 왜 찾아갈까요? 음식이 맛있다는 소문이 났기 때문이죠. 뭔가 다른 맛을 기대하는 기대심리도 있기 때문입니다. 같은 재료로 다른 맛을 기대하며 다소 멀리 있어도 찾아갑니다. 요즘은 스마트폰의 대중화로 SNS가 거의 생활이다 보니 검색을 통해 정보를 얻고 그 정보가 확실한지 더 자세히 찾아보고 또 본 후, 확실한 믿음이 생겼을 때 그곳을 찾아갑니다.

산속에 있어도, 가는 길이 험해도 믿음이 있다면? 고객은 어디든 찾아갑니다. 힘들게 찾아가서 생각대로 만족했다면? 자신의 SNS 공간에 자랑하게 됩니다. 자연스럽게 입소문이 나게 됩니다. 다시 그 소문이 SNS를 타고 또 다른 고객에게 검색되어 또 누군가 그곳을 찾아가게 되는 겁니다. 입소문의 효과가 바로 나타납니다. 그래서 맛집은 항상 고객들이 줄을 서게 됩니다.

종로3가 귀금속상가에 구경 와 보신 적 있으신가요? 대한민국에서 귀금속점들이 가장 많이 몰려 있는 곳이라고 해도 틀린 말은 아닐 겁니다. 저를 찾아오시는 고객들이 이렇게 많은 귀금속상가가 있는 줄 몰랐다고 말씀하십니다. 많아도 너무 많다는 이야기를 하는 경우가 종종 있습니다. 정말 어디를 가서 커플링을 구매해야 제대로 구매할지 고민에 빠지게 됩니다. 아무 데나 들어가기도 부담스러울 정도입니다. 대부분 오픈상가로 되어 있고 상가 안에 매장들이 다닥다닥 붙어 있어 어디로 가야 할지 발걸음이 쉽게 떨어지지 않을 겁니다. 또한, 고객을 기다리는 눈빛들이 너무 많아 부담을 주기도 합니다.

5년 전, 부산에서 ktx를 타고 서울역에서 1호선 지하철을 갈아타고 찾아주신 고객이 생각납니다. 수많은 귀금속상가들을 모른 척하고 작은 쥬얼리샵인 주원 쥬얼리로 바로 달려와 주셨습니다. 그때의 인연으로 지금도 기회가 있으실 때마다 카카오톡으로 찾아주고 계십니다. 부산에서 서울 종로3가면 거의 끝에서 끝으로 생각되는 거리입니다. 그 먼 곳에서 믿음 하나만을 보고 결혼 예물을 준비하러 달려와 주셨습니다. 부산에도 수많은 귀금속상가들이 있었을 텐데 말입니다. 물론 방문 전, 저와 카카오톡으로 충분한 상담을 했습니다. 가격과 상품은 이미 보고 확인한 상태였습니다. 방문 전 고객과의 충분한 소통이 없었다면 그 먼 곳 부산에서 ktx를 타고 달려오지는 않았을 겁니다. 물론 고객도 나름대로 가격과 제품을 여러 곳 비교해보셨을 거라고 생각합니다. 제 친절한 카카오톡 상담도 고객의 마음을 얻는 데 큰 도움이 되었을 겁니다.

어느덧 벌써 6년이란 세월이 흘러갔네요. 아직도 방문하실 때의 모습이 선합니다. 참 잘 어울리는 두 분이었습니다. 말씀하실 때마다 정겨운 사투리도 듣기 좋았습니다. 예비 신랑님은 전형적인 경상도 사나이인 듯했습니다. 예비 신부님이 반지 착용이나 디자인 선택을 하시는 동안 그저 눈으로 바라만 볼 뿐, 정말 말을 아끼는 상황이었습니다. 경상도 남자가 흔히들 그렇듯이 '밥 묵자', '별일 없나?', '자자' 등 딱 필요한 말만 하는 듯했습니다. 그래도 너무 잘 어울리는 커플이셨습니다. 부산 고객의 결혼 예물 내용은 제 블로그에 잘 소개되어 있습니다.

얼마 전 결혼기념일 때도 카카오톡으로 찾아주셨습니다. 남편분에게 받을 선물을 구매해주시기도 하셨습니다. 다시 종로3가까지 달려오지 않으셔도 되었습니다. 바로 카카오톡으로 상담하고 택배로 보험을 들어 부산으로 배송해드리기로 했습니다. 항상 저를 응원해주시고 살펴주시고 찾아주시는 잊지 못할 부산 고객에게 감사를 드립니다. 부산에서 종로3가까지 달려와 주실 때의 모습은 평생 잊을 수 없을 겁니다. 가끔 카카오스토리를 통해 소식을 접하고 있습니다.

전에도 찾아주신 남성 고객이 인도네시아로 출장을 가서 회사 일로 바쁘다 보니 미처 결혼 예물을 준비하지 못하셨다는 말씀을 하시며 카카오톡으로 상담이 왔습니다. 귀국 날짜에 맞춰 결혼 예물을 찾으실 수 있게 준비해달라 하셨습니다. 그전에도 커플링과 여자 친구에게 줄 선물용으로 영어 이니셜 목걸이를 구매하신 적이 있던 고객이었습니다. 예산에 맞는 상품과 취향에 맞는 디자인을 카카오톡 상담을 통해 선택하고 귀국 날짜에 맞게 준비해드리게 되었습니다. 실시간 고객과 소통을 하고 고객의 말에 귀 기울이며 언제나 최선을 다하고 있습니다.

저의 아이들이 어릴 때 외식을 가끔 가는 고깃집이 있었습니다. 그 고깃집을 가는 이유는 따로 있었습니다. 바로 양념게장이 있었기 때문입니다. 작은딸이 무척 좋아하는 양념게장이었습니다. 그런데 한번은 일하시는 아주머니께 한 접시를 더 달라고 말씀을 드리니 양념게장이 떨어져서 없다고 하시는 거였습니다. 그런가 보다 하고 남은 고기를 먹고 있었는데, 옆자리에 새로 온 손님에게 양념게장 한 접시가 상에 올라가 있는 게 보이더라고요. 그 후 그곳을 가지 않았습니다. 몇 달 후 그 고깃집이 폐업해서 그만두었다는 것을 알게 되었습니다. 그 고깃집의 사장님은 가게에 잘 나와 있지 않은 듯했습니다. 음식 장사란 조금 넉넉해야 고객이 찾아온다고 생각합니다.

물론 고깃집과 쥬얼리샵은 다릅니다. 하지만 고객이 찾아오는 것은 분명 같은 이유라고 생각합니다. 고객의 마음을 알아주고 소통하는 곳에 사장이 있습니다. 고객이 원하는 걸 찾아주고 고객의 말을 들어주고 고객과 소통합니다. 작은 쥬얼리샵은 사장이 고객을 맞이하고 사장이 제품을 제시하고 사장이 고객을 배웅하기 때문에 티파니에서 볼 수 없는 진짜 마음이 담긴 서비스, 고객이 원하는 진정한 맞춤이 제공되는 곳입니다. 직원 의식, 알바 의식으로 작은 쥬얼리샵을 경영하거나 운영한다면 망하는 지름길이라 봅니다.

사장이 직접 고객과 소통하다

20대부터 지금까지 귀금속 판매, 외길 31년 한 우물을 파왔습니다. '사람은 한 우물을 파야 성공한다'는 옛 어른들의 말씀을 어릴 적부터 듣고 자라서일지도 모릅니다. 아니면 별다른 재주가 없어서일지도 모릅니다. 처음 일을 시작하면서부터 판매를 한 건 아니었습니다.

무슨 일이든 그 일의 시작은 아마도 청소부터가 아닐까 합니다. 온갖 잔심부름을 해가며 어깨너머로 보고 배우는 일이 전부였던 것 같았습니다. 귀금속이란 이름만 들어도 뭔가 고급스럽고 귀함이 느껴집니다만, 그 속에서의 저는 초보 직원에 불가했습니다. 일을 배울 때는 선배들이 시키는 일만 해야 했습니다. 그저 일방적인 대화일 뿐, 소통이란 단어는 떠올릴 수조차 없었던 상황이었습니다. 군대 시절 고참과의 소통 없는 대화도 생각이 나는군요. 요즘 군대와는 차원이 다른 시절이었으니까요.

처음 일을 배울 때는 판매를 하지 않았으니 고객과의 소통은 없었습니다. 물론 소통이 뭔지도 몰랐습니다. 사실 소통이란 SNS(Social Network Service)가 활성화된 요즘 시대에서 나온 이야기일 수도 있습니다. 시대가 참으로 많이 변한 것 같습니다. 초보 직원 시절만 해도 '고객은 왕이다'라며 '고객은 갑이고, 판매자는 을이다'가 사회 풍토였던 것 같았습니다. 소통이라는 관계보다는 그저 고객의 말만 잘 들어주는 마치 위, 아래 계급의 관계 형성이라 해도 틀린 말은 아닌 듯합니다. 고객의 생각을 잘 읽어주고 고객이 원하는 걸 잘 헤아려줄 때 고객과의 소통이 이루어진다고 생각합니다. 그러나 고객의 불만을 잘 해결해준다고 고객과 소통이 잘 되었다는 건 결코 아닙니다.

상담을 할 때에 고객과의 소통이 잘 이루어져야 나중에 고객의 불만이 나타나지 않게 됩니다. 그러니 처음 고객을 만나 상담이 시작될 때부터가 중요합니다. 지금은 고객과의 관계가 갑, 을 관계를 떠나 얼마나 잘 소통을 하는가에 따라서 구매가 결정된다고 봅니다.

여러분은 티파니 매장에 가서 커플링을 구매하려 하는데 티파니 사장이 직접 상담해준다면 어떤 느낌이 들까요? 브랜드만 믿고 왔는데 티파니 사장이 직접 상담해준다면 아마도 놀라지 않을 사람은 없을 겁니다. 마치 티파니와 소통한다는 감동과 놀라움이 있을 겁니다. 그러나 그런 일은 절대 일어나지 않을 겁니다. 티파니의 규모는 대단히 크기 때문입니다.

고객과의 소통 채널은 많이 있습니다. 제 블로그를 보고 카카오톡으로 상담이 옵니다. 필요한 사진과 내용을 보내옵니다. 상담할 수 있는 모든 채널에 사진 전송도 가능해서 편하고 정확한 상담을 할 수 있습니다. 실시간 상담을 할 수 있어 편리합니다. 네이버 톡톡으로 문의가 옵니다. 전화번호로 문자 메시지가 옵니다. 카페를 보고 댓글을 답니다. 인스타그램을 보고 대화창에 문의가 옵니다. 페이스북을 보고 메신저로 문의가 옵니다. 카카오스토리를 보고 쪽지가 옵니다. 실시간으로 고객과 소통하느라 하루가 어떻게 가는지 모를 지경입니다. 고객과 소통을 할 수 있는 채널은 모두 운영 중입니다.

스마트폰의 기능을 최대한 사용하고 있습니다. 시대에 맞는 영업을 하고 있다고 생각합니다. 그렇다고 마케팅을 잘 알고 있지는 않습니다. 모르는 게 너무 많습니다. 하지만 용기 내어 배워가며 하고 있습니다. 잠을 자고 있을 때도 고객의 문의는 옵니다. 다음 날 출근 후 차례대로 상담을 빠짐없이 해드리고 있습니다. 비록 얼굴은 보지 않는 소통이지만 바로 앞에 고객이 있는 것으로 생각하면서 상담하고 있습니다. 언제나 진심으로 한 글자 한 글자 소통하고 있습니다. 그리고 종로3가에 있는 오픈상가 안의 오프라인 매장으로도 고객은 찾아옵니다.

바로 며칠 전 또는 몇 시간 전 카카오톡으로 상담했던 고객이 방문할 때는 얼마나 반가운지 모릅니다. 마치 그전부터 알고 지내던 친한 사이로 착각할 때도 있었습니다. 제가 주인으로 있는 종로3가 귀금속상가

수많은 매장 중에 저와 같이 고객과 소통을 하는 사장은 그리 흔하지 않은 듯합니다. 거의 전무후무할 듯합니다.

저와 소통하는 고객들은 대한민국 각지에서 상담이 오고 있습니다. 매장을 방문하시는 고객과의 상담이 우선시되고 있어서 이때는 잠시 카카오톡 상담이 지연되긴 합니다. 잠시 기다려주시면 바로 재상담이 이루어질 수 있습니다. 매장 방문 고객이 없을 때는 실시간 상담을 하고 있습니다. 상담 중 고객이 바쁠 때는 기다려드리고 다시 상담은 연결됩니다. 몇 시간 또는 며칠, 길게는 1년을 넘게 한 고객과 상담을 이어간 적도 있었습니다. 퇴근하면서, 전철 안에서, 또는 가족과 저녁을 먹으면서까지 실시간 상담을 하느라 그리 맛나게 저녁 음식을 먹어본 적이 언제인지 생각이 잘 나지 않을 정도입니다.

얼마 전 200일 기념으로 여자친구와의 14k 커플 팔찌 팔각 디자인을 구매 후 멋진 착용샷 후기까지 보내주신 고객이 계십니다. 후기야말로 고객과의 진정한 소통이라고 말씀드릴 수 있습니다. 진정한 마음이 통하지 않으면 고객은 인증샷 후기는 보내지 않았을 겁니다. 후기는 고객 만족과 고객 감동에서 나옵니다. 고객의 자발적 후기야말로 진정한 소통의 결과물이라고 할 수 있을 겁니다. 상담이 많으니 소통도 많은 주인장입니다. 그리고 고객들의 후기도 많습니다. 소통의 큰 보람을 느끼는 순간 순간들입니다. 후기가 많은 곳에 고객의 관심도는 높습니다. 브랜드는 있지만, 소통이 없는 곳이 많습니다.

작은 쥬얼리샵은 사장이 직접 소통하니 고객의 마음을 읽을 수가 있습니다. 작은 상담 하나도 놓치지 않는 정확함도 중요합니다. 여러분은 소통이 없는 브랜드를 선택하실 건가요? 아니면 작지만, 소통이 있는 작은 쥬얼리샵을 선택하실 건가요? 진정한 소통은 작은 쥬얼리샵에서 가능합니다. 앞으로도 고객과의 소통은 계속될 겁니다.

사장이 직접 블로그를 운영한다

6년 전, 블로그(Blog)의 블 자도 모르던 제가 블로그를 시작하게 됩니다.

백화점에서 나와 종로3가에 자리를 옮긴 지 5년이 되던 해였습니다. 장사란 우선 목이 좋아야 별다른 영업이나 마케팅 없이도 매출이 발생합니다. 그러나 그렇지 못한 곳에 자리를 폈으니 장사가 잘될 턱이 없었습니다. 종로3가로 나올 때 저를 기다려준 곳은 아무 데도 없었습니다. 종로3가역에서 종묘공원 가는 길가 끝자락에 위치한 오픈상가에 겨우 매장을 마련하게 되었습니다. 그렇다고 종로3가로 매장을 옮긴 뒤 그냥 앉아만 있지는 않았습니다.

백화점에 있을 때부터 해오던 웨딩홀 영업을 했습니다. 서울 전역에 있는 웨딩홀을 구석구석 찾아다니며 주원쥬얼리를 알리는 얼굴 도장 영업을 하기도 했었습니다. 웨딩홀 예약실에서 소개해주는 예비 신랑, 신부들이 간혹 연결되곤 했었는데, 큰 효과는 보지 못하고 근근이 꾸려 나갈 정도만 되었습니다. 이때 영업 사원의 고통과 어려움을 몸소 느끼는 체험을 경험했다고 생각됩니다. 그리고 6년 전, 25년간 몸담아왔던 귀금속 업종을 떠나야 할 상황을 접하게 됩니다. 장사가 안되니 더 이상 버틸 힘이 없었습니다. 정말 앞이 캄캄해지더군요. 외길만 걸어와서 다른 일을 할 수 있을까 싶었습니다.

무식하면 용감하다 했나요? 아무것도 모르니 무서울 것도 없었고 창피할 것도 없었습니다. 부족한 실력이었지만 물어물어가며 부족한 포스팅을 올리고는 있었습니다. 블로그의 블 자도 모르고 무작정 덤벼들어 운영하다 보니 허접한 사진과 내용들이 포스팅되었습니다. 블로그를 운영한 지 3개월 정도 지나면서부터입니다. 간절히 원하면 이루어진다 했나요? 간절함을 알았는지 어느 날부터인가 블로그를 보고 고객들이 찾아오기 시작했습니다. 밤잠을 아끼며 열심히 노력한 결과가 나타나기 시작하는 것일까요?

저에게 블로그는 생명과 기적 같은 존재가 되었습니다. 그 후 고객들은 점점 늘어만 갔습니다. 꺼져가던 불씨가 어느 날 다시 불이 붙어 활활 타오르기 시작했습니다. 블로그는 고객과 소통하는 가장 효과가 있는 SNS인 듯합니다. 어느 고객의 구매 정보를 포스팅하면 그것을 보고 또 다른 고객이 찾아오니 말입니다. 그러고 보니 제 나이 쉰에 블로그를 시작하게 되었습니다. 컴맹이 용이 되었습니다. 이제는 이렇게 용기 내어 책도 쓰게 되었으니 말입니다. 용이 또 한 번의 기적을 만들고 있는 듯합니다.

블로그는 하루 방문자 수 1,600~2,000명 선에서 꾸준한 관심을 받고 있습니다. 물론 블로그는 제가 직접 운영하고 있습니다. 앞으로도 힘닿는 한 제가 계속 운영할 겁니다. 밤잠을 아끼며 영업 시간에도 틈틈이 포스팅 준비를 하고 있습니다. 정확한 정보를 드리기 위해 나름 부단히 노력하고, 생각하고 있습니다. 제 블로그는 사실의 정보를 담습니다. 정확한 정보만이 고객을 부릅니다. 블로그 이름 '이종원의 주원 쥬얼리'에 가시면 고객들의 여러 사연이 가득합니다. 무작정 시작했던 블로그가 이제는 제법 잘 운영되고 있는 듯합니다.

결혼할 때 했던 오래된 커플 반지를 다시 리폼한 부부의 이야기, 평반지에 가족의 이름을 새겨 넣어 가족 사랑을 자랑한 고객의 멋진 인증샷 후기도 만나 보실 수 있습니다. 예전에 한 번 매장을 방문해주셨던 적도 있는 고객의 가족입니다. 아직도 예쁘고 의미 있게 잘 끼고 다니시겠죠? 결혼 기념 20주년을 자축하는 부부의 순금용 반지 커플링을 착용 후 인증샷까지 보내준 후기도 있습니다. 이처럼 제 블로그에는 사연이 있는 내용이 참 많습니다. 언제나 제 블로그는 고객들과 함께하고 있습니다. 찾아주신 고객들의 사연을 하나하나 모두 소개해드리지 못해 죄송한 마음이 가득합니다. 다시 한번 이 자리를 빌어 감사의 인사를 올립니다. 블로그의 블 자도 모르고 시작한 블로그는 바로 고객들이 이끌어준 덕분에 잘 운영되고 있습니다. 고객들과 소통하는 공간으로 앞으로도 초심을 잃지 않고 게으름 피우지 않도록 스스로를 채찍질하겠습니다. 언제나 있는 그대로의 모습을 보여드리기 위해 노력하겠습니다. 꾸미거나 포장은 절대 하지 않습니다. 성격상 그러하지도 못합니다. 조금은 고지식한 성격이기도 합니다. 그렇다고 모든 고객들을 만족시켜드리지는 못할 겁니다. 모든 고객들이 만족한다면 더 이상 바랄게 없을 텐데 말입니다. 불만족 고객도 계시다는 것을 명심하며 자만하지 않겠습니다. 저도 사람인지라 실수를 하기도 합니다. 하지만 그 실수를 인정하고 빠르게 수정하려 합니다. 고객이 만족하고 감동할 때 저에게는 가장 큰 행복과 보람입니다.

어느덧 쉰 중반에 나이를 넘어서고 있는 주인장입니다. 블로그를 운영하는 데 나이는 그저 숫자에 불가하다는 것을 느끼고 있습니다. 고객과의 카카오톡 상담으로 이루어진 구매의 후기 내용을 블로그에 담고 있습니다. 낮에는 매장에서 방문 고객과의 상담을 하고 배송되는 상품의 인증샷을 준비해 블로그에 담고 있습니다. 아마도 이 글을 보시는 분이라면 제가 직접 블로그를 운영하고 있다는 것을 알 수 있을 겁니다. 몸이 한 개라 밀려 있는 자료를 모두 소개해드리지 못하고 있습니다. 틈틈이 시간을 내어 소개해드리려 하고는 있습니다. 블로그를 운영하면서 쉴틈이 없다는 것도 알게 되었습니다. 하지만 블로그를 통해 고객과의 소통을 할 수 있어 보다 넓은 세상을 알아가는 듯 합니다.

고객이 원하는 것이 뭔지를 알아가면서 진정성 있는 내용을 담으려 노력하고 있습니다. 고객의 사연이 있는 블로그입니다. 블로그는 저에게 생명 같은 존재이기도 합니다. 제 삶을 변화시킨 것도 블로그입니다. 앞으로도 블로그는 제가 계속 운영합니다. 혹시라도 부족한 부분이 생긴다면 언제든 쓴소리 부탁드립니다.

성격 급한 고객은 항상 존재하는데 맞춰줄 수 있는 직원이 없다

중국집에 배달 주문 전화를 했습니다. 그런데 바로 궁금해지기 시작합니다. '언제 올까?', '왜 안 오지?' 전화를 끊은 지 5분도 안 되었는데 말입니다. 5분이 딱 지나면, 바로 전화를 합니다. '어떻게 되었나요?' 그럼 들려오는 소리는 늘 같습니다. '네, 지금 갑니다' 입니다. 우리나라 사람은 좀 급합니다. 예전 어려웠던 시대를 살아오느라 급해졌던 것이 그대로 습관이 된 듯도 합니다. 에스컬레이터에서 걸어가는 사람들이 있는 나라는 우리나라뿐이라고 합니다.

사실 저도 일할 때는 좀 빠릅니다. 어찌 보면 좀 급하다 할 수도 있을 겁니다. 그런데 제가 있는 종로3가에 있는 중국집들은 정말 빠릅니다. 전화 주문을 하고 전화를 끊으면 바로 달려올 정도로 빠릅니다.

제 단골 중국집 만보성이 있습니다. 한창 바쁘게 지낼 때 짜장 곱배기만을 한 달 내내 매일 시켜먹었던 곳입니다. '대보 107호 짜장면곱배기요' 하고 전화를 끊으면 바로 상가 앞에 배달 오토바이가 나타날 정도였습니다. 절대 고객을 급하게 만들지 않는 만보성이었습니다. 워낙 빠르게 배달해주는 곳이라 절대 재촉하지는 않는 곳입니다. 제 기억 속에 두 번 전화를 한 적은 없었던 것 같습니다. 성격 급한 고객이 만족할 수 있는 곳입니다.

아마 고객에게 서비스를 한다기보다는 경쟁 업체에게 밀리지 않게 하기 위함인 듯도 합니다. 생존경쟁이랄까요? 종로3가 중국집의 경쟁이 치열해서 살아남기 위한 몸부림일지도 모릅니다. 암튼 빠른 건 사실입니다.

저희 고객들도 무척 급합니다. 보통 반지나 커플링 또는 팔찌, 목걸이 등을 주문하게 되면 일의 공정상 5일 정도는 시간이 걸립니다. 상담 시 고객의 문의에는 일주일 정도 걸린다는 말씀을 드리고는 있지만, 중요한 건 약간의 여유를 두고 날짜를 말씀드립니다. 그리고 약속을 잘 지킬 수 있어야 합니다. 약속을 지키지 않으면 누구라도 화가 나고 성격이 급해질 수 있습니다. 주문 후 약속 날짜도 안 되었는데 확인 전화가 오기도 합니다. 마치 중국집에 주문한 후 행동과 같습니다.

성격 급한 고객과의 대화나 상담도 노하우가 필요합니다. 물론 고객과의 약속은 철저히 지킬 수 있어야 합니다. 말로는 쉽습니다. 고객과의 약속은 지켜야 한다는 사실을 알면서도 잘 안 되는 부분이기도 합니다. 조금만 나태해지면 실수하게 됩니다. 고객과의 약속을 잘 지키기 위해서는 주문한 상품이 공장에서 약속 날짜에 잘 나와야 가능합니다. 가끔은 공장에서조차 깜박하고 누락시키는 경우도 있었습니다. 그럴 때는 정말 가슴이 타들어갑니다. 고객과의 약속은 생명과 같은데 말입니다.

이런 일이 생기면 고객에게 뭐라고 말씀을 드려야 연기 과정이 타당하다고 생각이 들까요? 성격 급한 고객으로 만드는 건 바로 이런 상황이 생기기 때문이라 생각합니다. 제가 모든 걸 만들 수 있다면 밤을 새워서라도 고객과의 약속을 지킬 수 있을 텐데 말입니다. 이럴 때는 있는 그대로 말씀드리는 게 가장 좋은 방법이지만, 선의의 거짓말이라도 해서 고객의 마음을 안정시키는 것도 중요하다고 생각합니다. 하지만 혹시라도 거짓말이 꼬이게 된다면 걷잡을 수 없는 상황으로까지 몰고 갈 수도 있습니다. 그럼 더 이상 수습하기에 역부족이 되고 맙니다.

실수를 줄이는 방법은 주문 공장에 수시로 확인해놓는 게 좋습니다. 귀찮아 짜증을 내도 말입니다. 달리 방법은 없습니다. 잔소리 아닌 잔소리를 해두어야 합니다. 공장은 여러 거래처와 상대를 하며 일합니다. 사람이 하는 일이기에 실수가 있게 마련입니다. 실수를 줄이는 방법으로 잔소리 같은 주문 확인을 해야 합니다. 그렇다고 주문 일자를 길게

10일 이상 15일 정도로 잡을 수는 없습니다. 고객은 기다리는 것을 좋아하지 않기 때문입니다. 그럼 경쟁업체에 고객을 뺏길 수도 있을 겁니다. 뺏기기 전에 고객은 떠날 겁니다.

종로3가 귀금속상가는 아마도 대한민국에서 가장 많은 귀금속매장이 몰려 있는 곳일 겁니다. 여기서 살아남아 영업을 한다는 건 결코 쉬운 일이 아닙니다. 고객과의 약속을 목숨처럼 생각하지 않으면 안 되는 이유입니다. 고객과의 약속 날짜만 잘 지켜준다면 결코 고객은 성격 급한 고객이 아닐 겁니다. 그러니까 성격 급한 고객을 만들지 말아야 한다고 생각합니다. 철저한 주문 관리만이 성격 급한 고객을 만들지 않을 수 있습니다. 일일이 주문 내용을 확인하고 체크해야 합니다. 물론 매일같이 확인하고 확인해도 가끔 주문 펑크가 나긴 합니다. 그래도 영업하고 있는 순간까지는 철저한 관리만이 최선책일 겁니다.

경쟁이 아무리 치열한 곳에서 영업한다 해도 원칙과 퀄리티는 지켜져야 합니다. 고객은 알고 있습니다. 어디가 잘하는지, 어디가 신뢰가 있는지, 어디가 최선을 다하고 있는지, 어디를 가야 하는지 등 장사는 말로만 하는 게 아닙니다. 물론 장사는 말을 많이 하는 직업이지만, 말로만 하는 것과는 다릅니다. 말에 따르는 책임이 있어야 합니다. 신뢰와 믿음이 뒷받침되어야 합니다. 제 고객들은 정말 멀리서도 찾아옵니다. 말로만 하지 않는다는 걸 알고 있습니다. 그동안 많은 시간 지켜봐주셨기 때문입니다. 솔직함도 있고 진정성도 있습니다. 31년 귀금속

판매의 노하우가 고객의 원하는 걸 해결해드릴 수 있습니다. 많은 경험은 결코 쉽게 얻어진 게 아니기 때문입니다. 노력과 열정이 없이는 안 되는 일입니다.

추억이 있고 즐거움이 있다

누구나 '귀금속'이란 단어를 들으면 '비싸다'라는 생각을 하게 될 것입니다.

바로 금이 들어 있기 때문입니다. 그럼 비싼 금 제품을 아무 데서나 가서 구매할 수 있을까요? 종로3가 귀금속상가에 혹시 여자친구와 커플링을 구매하고자 방문해보신 적 있으신가요? 수많은 매장들이 하나의 고객을 잡기 위해 경쟁이 치열합니다. 고객이 상가에 들어서면 시선을 어디에 두어야 할지 순간 혼란스러워질 것입니다.

과연 어디를 선택해야 할까요? 아마도 한 번쯤 가 본 커플이라면 제 말에 이해가 갈 겁니다. 모두 나름 열심히 영업하고 있는 곳입니다. 삶이 힘들 때 재래시장을 가 보면 열심히 일하는 상인의 모습에 삶의 의욕을 얻는다 하죠? 바로 종로3가 귀금속상가에 오면 그런 느낌이 들

수 있습니다. 바로 귀금속 재래시장이라고 할 수 있는 곳입니다. 웨딩 예물 시장으로 가장 큰 시장이기도 합니다. 업체들의 이벤트도 나름 굉장합니다. 매장들이 크고 화려하지는 않지만, 소박하고 정이 있고 신뢰와 믿음이 있는 곳입니다. 일부 잘못된 매장이 있어 종로3가 귀금속상가들 전체가 욕을 먹는 일도 있었지만, 그것은 극히 일부로, 좋은 곳들이 많다는 것을 자랑스럽게 생각하고 있습니다.

아마도 전국에서 가장 큰 규모의 예물 시장이 아닐까 합니다. 연인들의 커플링에서 평소 생활 쥬얼리까지 없는 게 없이 구비되 있는 곳이기도 합니다. 제가 있는 작은 쥬얼리샵은 종로3가 사거리를 중심으로 귀금속상가들 중 종묘공원으로 가는 끝자락에 있습니다. 오픈상가 안에 있기 때문에 독립적인 매장은 아닙니다. 그렇다고 화려하지도 않습니다. 하지만 다른 매장에는 없는 무엇인가가 있습니다. 바로 매장 벽에 붙어 있는 즉석 사진들입니다. 커플링을 구매하는 기념으로 폴라로이드로 촬영 후 한 장은 고객에게, 또 한 장은 매장 벽에 붙여놓았습니다. 가져가는 한 장은 보통 여자친구가 갖는 경우가 많았습니다. 어떤 커플은 한 장을 더 요구해 두 장을 찍어드린 적도 있었습니다. 아마도 각각 가지고 계실 듯합니다. 요즘은 휴대전화에만 사진이 있어 보는 즐거움이 조금 사라졌다고 생각됩니다. 내 주위 어딘가에 붙여놓고 수시로 사랑하는 여자친구, 남자친구를 볼 수 있다는 것도 하나의 큰 즐거움이라고 생각됩니다.

커플링을 구매하는 커플에게 뭔가 추억과 즐거움을 만들어드리기 위해 작은 서비스를 시작하게 되었습니다. 언제나 고객들을 바라보면서 고객들의 얼굴을 기억해두고 세월이 흘러 다시 찾아왔을 때 얼른 알아보기 위함입니다. 커플에게는 우리가 커플링을 처음 맞추었던 곳, 그곳에 가면 우리의 추억이 남아 있다는 것을 생각하게 하고 싶었습니다. 하지만 모든 커플의 사진을 찍지는 못하고 있습니다. 매장이 작아 밀려오시는 고객들을 상담하느라 기념 촬영을 못 해드리는 때도 있어 그저 죄송스럽게 생각하고 있습니다.

한 번은 반가운 고객이 방문했습니다. 결혼 예물을 하러 오셨다는 말씀을 하시며 매장 벽에 붙어 있는 사진을 바라보고 뭔가를 찾고 있었습니다. 바로, 몇 년 전 여자친구와 커플링을 하고 찍어놓은 사진을 찾고 있었던 것이었습니다. 그때의 그 여자친구와 함께 결혼 예물을 하러 오신 겁니다. 사진을 찾아 확인하니 무척 반가워하시며 여자친구와 함께 흐뭇해하는 표정을 읽을 수 있었습니다. 몇 년이 지나 조금은 달라진 모습으로 찾아온 커플입니다. 그동안 여자친구와의 쌓아온 사랑과 우정의 결실을 맺고 결혼 예물을 하러 다시 찾아오신 커플 고객이 얼마나 반갑던지, 제 가족을 오랜만에 본 듯한 느낌이 들기도 했습니다. 아마도 결혼 후 아기를 낳고 아기와 함께 돌 반지를 하러 찾아주시는 모습을 상상하니 흐뭇한 미소가 지어지기도 합니다.

실제 그런 경우도 있었습니다. 아기를 데리고 찾아주신 고객이 여기서 결혼커플링을 했었다며 벽에 붙어 있는 사진을 발견하고 신기하다는 말씀을 해주시기도 했습니다. 아기를 낳아 찾아주신 고객 또한 무척 반가웠습니다. 엄마가 여기서 결혼커플링을 맞추었다며 아기에게 이야기해주는 것이었습니다. 참으로 흐뭇한 순간이었습니다. 비록 작은 쥬얼리샵이지만, 고객들에게는 소중한 추억과 즐거움이 남아 있는 곳이기도 합니다. 벽에 있는 오래된 사진은 조명 빛에 반사되어 색상이 흐릿해지고 있습니다. 그렇다고 고객들과의 인연이 사라지는 건 결코 아닙니다. 다시 찾아주실 때까지 언제고 저와 함께 있을 겁니다.

'한번 해병은 영원한 해병'이란 멋진 멘트가 어울리는 고객도 계십니다. 여자친구와의 기념일이나 여자친구의 생일 등에 언제나 찾아주는 의리 있는 멋진 고객도 생각이 납니다. 결코 물건만을 팔려고 애쓰는 곳은 아닙니다. 작은 일 하나에도 추억과 즐거움을 만들어드리고 싶습니다. 아직도 그리 특별한 이벤트는 아니지만, 고객들과 함께 추억을 만들어드리고자 노력하고 있습니다. 누군가에게는 즐거운 추억이 남아 있는 곳일 겁니다. 또 언제고 기회가 온다면 다시 찾아주신다는 생각도 하고 계실거라 믿습니다.

여자친구끼리 우정링을 맞추고 기념사진을 남긴 고객도 있고, 결혼예물을 준비하신 커플의 기념사진도 있습니다. 지금은 멀리 떨어져 있지만, 고객들 마음속에는 항상 자리하고 있을 겁니다. 종로3가에 가면 작은 쥬얼리샵의 추억이 있다는 것을요. 모두 소중한 사연들이 담긴 사진들입니다. 고객의 사연과 추억과 즐거움이 언제나 저와 함께할 수 있어 행복하기도 합니다. 빛에 사진이 흐려져 누군가를 확인하기 어려울 때까지 언제나 함께할 겁니다. 잘 간직해드리겠습니다. 언제고 추억을 찾아 방문해주실 때까지.

고객은 절대 까다롭지 않다. 맞춰주지 못하는 직원만 있을 뿐이다

동네에 얼마 전 서브웨이가 오픈했습니다. 집사람이 한번 가보자 해서 따라가 봤습니다. 진열장 안에는 수십 가지의 야채와 샌드위치 재료가 엄청 많이 있었습니다. 저는 한 번도 혼자 방문해본 적이 없어 어떻게 주문하는지 방법조차 몰라 그냥 바라만 보았지만, 알고 보면 매뉴얼대로 주문하는 방식이 있었습니다. 주문할 줄 모르는 제가 보기에는 주문하는 방법이 매우 어려워 보였습니다. '이렇게 어렵게 주문을 하는 고객들은 모두 까다로운 고객이 되는 건가?'라는 생각을 하며 집사람이 주문하는 걸 그저 바라만 보고 있었습니다. 정해진 매뉴얼이 있고 그것을 이용해 주문하는 고객들의 취향을 맞춰주는 서브웨이 직원들은 참으로 대단한 생각이 들었습니다. 어찌 보면 교육이 잘되어 있다고도 볼 수 있을 듯합니다.

고객의 취향은 모두 제각각입니다. 정해진 매뉴얼 테두리 안에서의 주문은 모두 맞춰줘야 한다고 생각합니다. 그러나 매뉴얼이 있는데도 불구하고 고객의 취향을 맞춰주지 못한다면 그건 바로 고객을 까다롭게 만드는 시작이라고 생각합니다. 고객의 질문에 가능한 일을 잘 모른다는 이유 같지 않은 이유로 불가능하게 만드는 것과 전문 지식이 없어 몰라서 못 하는 것이나 귀찮아서 하지 않는 것 등이 바로 고객을 까다롭게 만드는 것이라고 생각합니다. 물건을 사면서 이것저것 귀찮게 물어보면 판매하는 곳 직원은 분명 싫은 표정을 지을 겁니다. 그 표정을 고객은 금방 읽을 수가 있습니다. 고객이 맞춘 반지가 크다고 하면 큰 겁니다. 작다고 하면 작은 겁니다. 크다고 하면 줄여드리고, 작다고 하면 늘려드려야 합니다. 실제 고객이 느끼는 느낌이기 때문입니다.

그런데 고객의 반지는 왜 작거나 커진 걸까요? 반지를 맞출 때 호수를 고객이 재었을까요? 호수를 잰 사람은 반지를 판매한 사람입니다. 쥬얼리샵이나 금은방에 가면 손가락 호수를 재는 게이지가 있습니다. 게이지는 모두 규격화되어 있어 어딜 가서 재나 똑같은 호수가 나올 수 있습니다. 그러나 문제는 바로 여기에 있습니다. 게이지로 호수를 재는 건 사람입니다. 재는 방법과 노하우에 따라 조금씩은 달라집니다. 고객이 반지를 착용 후 편안함을 느낄 때가 호수를 가장 잘 재었다고 봅니다. 반지의 모양이나 형태도 제각각이기에, 손가락 형태에 따른 호수를 잘 맞춰 재야 합니다. 물론 쉽게 누구나 되는 건 아닙니다. 무조건 넉넉히 여유 있게만 재서도 안 됩니다.

가끔 커플링을 리폼하러 오시는 고객들의 호수를 재어보면 끼고 있는 반지가 호수보다 큰 경우가 있었습니다. 그래서 일부러 이렇게 크게 맞추신 건가를 물어보았습니다. 맞춘 곳에서 맞는 사이즈라 해서 그런 줄 알고 끼고 다니셨다 합니다. 참 많은 걸 생각하게 했습니다. 책임감이 없거나 손해를 보지 않으려 했거나 귀찮아서 그냥 맞는다 했을 것입니다. 그곳에서 판매했던 사람은 아마도 직원이었을 듯합니다. 그곳의 사장이 그렇게 말을 했다면 분명 장사가 그리 잘되는 곳은 아니라고 확신합니다.

그렇다고 꼭 끼게 재서도 안 됩니다. 착용 시 편안함을 느낄 수 있어야 제대로 재었다고 볼 수 있습니다. 사람마다 손가락 형태는 모두 다릅니다. 마디가 있고 안쪽에는 살이 없는 마른 남자형 손가락, 마디는 없고 안쪽에 살이 통통하게 있는 여자형 손가락, 마디도 없고 안쪽에 살도 없는 날씬한 손가락, 이렇게 사람마다 다른 손가락 형태를 잘 고려해 반지 호수를 재야 합니다. 반지의 모양과 반지의 넓이가 좁거나 넓은 형태에 따라 게이지 호수를 감안해서 키워야 하는 경우가 생깁니다. 반지가 넓은 반지일수록 게이지 호수보다 커지게 됩니다. 예를 들면, 평반지 10mm 넓이를 맞춘다면 게이지 호수가 10호로 쟀을 때 평반지의 호수는 12호를 해야 잘 맞게 됩니다. 이와 같이 호수를 재는 것도 노하우가 있어야 제대로 잴 수가 있습니다.

잘못 잰 호수의 반지를 끼시고 작거나 크다는 말씀을 하시는 고객에게 "잘 맞는 겁니다. 그대로 끼시면 됩니다" 이렇게 얼렁뚱땅 넘기려 하면 될까요? 불편함을 호소하는 고객을 까다롭다 할 수 있을까요? 까다로운 고객도 만들어지는 겁니다. 종로3가 귀금속상가 오픈상가에서 영업하다 보니 유난히 고객들과 말다툼이 많은 매장이 있습니다. 고객이 주문한 대로 완성시키지 못했으면서 고객을 오히려 까다롭다 하는 겁니다. 참으로 안타까운 일이 아닐 수 없습니다. 타 매장에 까다로운 고객이 저에게 왔더라면 똑같은 상황이 일어났을까요? 그렇지는 않았을 겁니다.

2014년 4월경 카페에 올라온 후기 제목이 "까다로운 손님 강이가 14k 이니셜 목걸이 후기를 올립니다"라는 내용이 있습니다. 이니셜 목걸이를 주문할 수 있는 모든 매뉴얼을 이용해서 주문해주셨던 고객입니다. 크기는 남자용 대형, 여자용 미니대, 폰트는 보통 한 가지로 가지만, 첫 글자와 나머지 글자의 폰트를 섞어서 주문, 첫 글자 대문자에 큐빅을 넣기, 옵션으로 별 모양을 넣고 남, 여 줄 옆에 LOVE를 추가, 여유 줄 달기 등등 할 수 있는 모든 매뉴얼을 이용해서 주문했습니다. 사실 쉽지 않은 주문이기도 했습니다.

하지만 저는 절대 까다로운 고객이라고 하지 않았습니다. 오히려 고객이 자신을 까다로운 손님이라고 말했지만, 까다롭다는 말보다 매뉴얼을 아는 고객이라고 하는 게 오히려 좋을 듯합니다. 그만큼 관심을 가지고 계시다는 것으로 볼 수 있습니다. 고객의 요구 사항을 맞출 수 있어 다행이었던 기억이 납니다. 받으시고 멋진 착용샷 후기까지 올려주신 멋진 고객이었습니다. 이 고객 덕분에 많은 걸 알게 되었습니다. 오히려 감사를 드려야 할 듯합니다. 고객은 절대 먼저 까다롭지 않습니다. 원하시는 요구 사항도 가능하기 때문에 하는 겁니다. 가능하지 않은 걸 요구하지는 않습니다. 고객을 까다롭게 만드는 건 그것을 맞춰주지 못하기 때문입니다.

Jewelry Shop

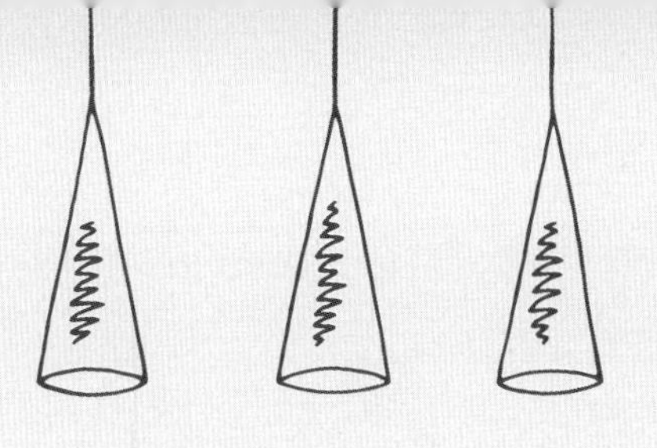

PART 02

가성비가 좋다

고객의 Wants

사람들의 외모가 다르고 생각도 다르듯이 쥬얼리를 구매하는 취향 또한 제각각입니다. 예전과 다르게 다양한 디자인 제품들이 나오면서 고객이 선택할 수 있는 폭이 많이 넓어졌다고 할 수 있습니다. 그만큼 개인의 취향과 개성을 살려주는 맞춤 쥬얼리라고도 할 수 있게 되었습니다.

요즘은 개인의 취향이 많이 반영된 문의가 많이 오고 있습니다. 기본 디자인에서 변형이 가능한 부분은 고객이 원하는 대로 변형해드리고 있습니다. 요즘 고객들의 취향도 개성이 있는 디자인 쪽으로 생각을 많이 하고 계신 듯합니다.

20대 커플에게 가장 인기 있는 미녀와 야수 커플링을 예를 들어보겠습니다. 요즘은 대부분 반지의 색상이 한 가지로만 나오는 게 아니고 부분 로즈골드가 섞여서 나옵니다. 전체 골드보다는 세련되고 산뜻한 분위기를 주고 있어 많은 고객이 선호하고 있습니다. 개인의 취향에 따라 전체 골드를 선택하는 커플이 있고 또는 전체 로즈골드로 선택하는 커플이 있습니다. 또는 부분 로즈골드로 기본형대로 가는 커플도 있습니다. 가장 많이 선호하는 색상은 물론 기본형입니다. 별도의 추가 비용 없이도 가능한 부분들입니다. 또는 나사 무늬를 넣거나 빼거나 할 수도 있습니다. 큐빅이 들어가 있는 부분도 선택할 수 있습니다.

그리고 요즘 꼭 빼놓을 수 없는 게 있습니다. 바로 이니셜 각인을 하는 겁니다. 미녀와 야수 커플링에는 바로 각인이 포인트입니다. 커플의 만남의 증표를 중요시하는 요즘 신세대 커플의 유행이기도 합니다. 이니셜은 필수가 되었습니다. 미녀와 야수는 다른 커플링에 비해 각인할 수 있는 곳이 세 군데나 됩니다. 반지의 양옆 부분으로 착용 시 왼쪽, 오른쪽 부분입니다. 그리고 밴드링의 아랫부분에 각인할 수 있습니다. 영어, 한자, 한글, 특수문자, 기호 등으로 서로의 이니셜을 바꾸어 넣어 공감대 형성이 자연스럽게 이루어지고 있습니다. 그리고 각인 글자 영어나 한글은 원하는 폰트로 넣어드릴 수도 있습니다. 이와 같이 개인적 취향에 따라 선택할 수 있는 폭이 넓어졌습니다. 자신에게 맞는, 자신이 원하는 스타일로 쥬얼리를 구매할 수 있어 가성비가 높다고 볼 수도 있습니다.

제가 운영하는 쥬얼리샵에는 많은 20대 커플이 찾아옵니다. 고객의 취향을 잘 이해하고 선택할 수 있도록 하고 있습니다. 커플의 우정과 사랑에 징검다리의 역할을 할 수 있어 행복합니다.

또 하나 원하는 스타일대로 제작이 가능한 순금 한자 반지를 소개해 드리겠습니다. 고객의 이름 한 글자를 한자로 가운데 정면에 넣고 양옆 부분에 간단한 그림을 넣어드리는 한자 반지가 있습니다. 주로 남성 고객들이 찾는데, 가끔 커플들도 계십니다. 순금반지라 착용만 하고 있어도 든든할 겁니다.

순금반지를 좋아하는 고객은 14k, 18k 반지는 못 합니다. 순금만 합니다. 아무 곳에서나 할 수 있는 디자인은 아닙니다. 본인의 이름 한 글자를 넣어 만든 순금 한자 반지는 세상에서 하나밖에 없는 소중한 나만의 보물이 아닐까 합니다. 생각만 해도 멋지지 않나요? 세상에서 하나밖에 없는 나만의 순금반지! 가운데 한자는 한 글자만이 가장 예쁩니다. 이름 중 한 글자를 선택하시거나 의미 있는 한자를 선택해서 넣으실 수 있습니다.

폰트도 선택할 수 있습니다. 컴퓨터에 나오는 폰트면 가능합니다. 해당 글자 모양 그대로 주셔도 됩니다. 양옆 부분에 넣을 수 있는 그림으로는 소나무, 대나무, 용, 호랑이, 돼지, 말, 쥐, 뱀, 연꽃, 독수리 등등 그동안 넣어본 그림입니다. 뭐든 간단히 윤곽을 나타낼 수 있는 그림은 가능합니다. 동물은 오늘의 운세에 나오는 동물 모양 정도 가능합니다.

제가 직접 하는 건 아닙니다. 그림은 장인의 손끝에서 그려지고 있습니다. 제가 생각하기에도 정말 대단합니다. 대한민국에 이와 같은 장인이 손꼽을 정도라고 합니다. 아마도 이분들이 살아계시는 동안에만 가능할 겁니다. 4차 산업의 인공 지능 로봇이 대신할 수 없는 일이기도 할 겁니다.

어딜 가나 똑같은 디자인으로 나와 있는 순금반지들이 있습니다. 기성품이라고 합니다. 한 틀로 만들어내기 때문에 전국 어느 귀금속점에 가서 구매해도 모두 똑같은 디자인으로 나오게 됩니다. 용 반지, 호랑이 반지 등등 카탈로그에 나와 있는 디자인이라고 생각하면 이해가 빠를 듯합니다.

한자 반지는 카탈로그가 없습니다. 고객이 원하는 그림을 그대로 만들어주는 특별함이 있는 디자인입니다. 길을 가다 나와 똑같은 옷을 입은 사람과 마주치게 된다면 어떤 기분이 들까요?

똑같은 것이 없는 한자 반지입니다. 특별함이 있기 때문입니다. 남성용은 3~5돈으로, 여성용은 2돈 이상으로 가능합니다. 순금은 남녀노소를 막론하고 누구나 모두 좋아합니다. 가지고만 있어도 왠지 든든한 느낌이 들죠? 재테크도 하고 멋도 있는 일석이조라고 말할 수 있습니다.

배스킨라빈스 아이스크림이나 서브웨이 샌드위치 매장에 가면 뭐가 있을까요? 바로 내 입맛에 맞게 골라 먹는 재미가 있습니다. 개인의 취향에 따라 골라 먹는 재미가 있어 어디를 가나 고객들이 많이 있는 걸

볼 수 있습니다. 작은 쥬얼리샵 주원쥬얼리에도 골라 먹는 재미가 있습니다. 재미는 곧 식상하지 않다는 의미도 지니고 창의력과 개성도 나타낼 수 있습니다. 스마트폰의 영향으로 고객들이 점점 스마트해가고 있는 듯합니다. 뭔가 새로운 변화를 만들어가고 있고, 고객이 원하는 것을 함께 풀어갑니다. 쥬얼리에도 개인적 취향을 담았습니다. 가끔은 앞서가는 고객들 때문에 조금 당황하기도 하지만, 자료를 찾거나 공장과 상의 후 답을 하고 있습니다. "하지 않으면 아무 일도 일어나지 않는다"라는 말이 생각납니다. 항상 고객의 Wants를 보고 고객의 질문에 답이 있다고 생각해서 그 질문을 소홀히 하지 않고 답을 드리고자 동분서주해야 합니다.

다양한 디자인을 선택할 수 있다

한 우물을 판 지 어언 31년입니다. 돌이켜보면 참 긴 시간이 지났습니다. 강산이 세 번씩이나 바뀌었으니 말입니다. 일을 배우기 시작할 때부터 지금껏 일을 해오면서 생각해보건대, 쥬얼리 디자인은 참으로 다양하고 멋스럽게 변화하고 있는 듯합니다.

31년 전 제가 처음 귀금속 업종에서 일을 시작할 때만 해도 쥬얼리 디자인은 그리 예쁘지는 않은 듯했습니다. 기껏해야 일본 쥬얼리 카탈로그에서 디자인 카피를 하는 정도의 수준이었던 것 같았습니다. 하지만 요즘 쥬얼리 디자인은 세계에서도 알아줄 만큼 우수한 디자인 제품들이 나오고 있습니다. 제가 생각하기에도 요즘의 쥬얼리 디자인은 정말로 예쁩니다. 세계 어느 나라에 내놓아도 높은 관심을 받을 수 있을 듯합니다.

또한, 인터넷 검색으로 고객들은 원하는 디자인을 찾거나 선택할 수 있는 기회도 있습니다. 우리나라 귀금속에 쓰이는 금의 재료는 24k(99.9%)와 합금인 14k(58.5%), 18k(75%), 그리고 Silver(925%)로 이루어져 있습니다. 디자인은 그동안 엄청난 발전을 해왔습니다. 우리나라 사람들이 손재주가 좋은 건 선조들의 유전자가 이어져 내려오고 있기 때문일 듯합니다.

예쁜 디자인은 누구에게나 눈에 띕니다. 커플의 커플 반지와 커플 목걸이도 있고, 결혼반지와 예물함도 있고, 부모님 선물용으로 순금 제품도 있고 남성용 목걸이와 팔찌 그리고 여성용 예쁜 팔찌와 목걸이도 있습니다. 이외도 참 다양한 종류가 많이 있습니다. 고객의 안목도 예전보다 많이 높아졌다고 생각합니다. 높아진 고객들의 안목을 맞춰주기 위해서는 다양한 디자인과 퀄리티가 있어야 합니다. 저를 찾아주시는 단골 고객들이 많이 있습니다.

2014년부터 저와 인연을 맺고 수년 동안 찾아준 고객이 서울에서 경산으로 이사 후 얼마 전 기차를 타고 다녀가셨습니다. 마치 시장에 장을 보고 가신 듯 그동안 필요하셨던 품목을 구입하시고 내려갔습니다. 일주일 후에 다시 종로3가까지 달려와 주원쥬얼리 카페에 후기까지 올려주시는 저의 오랜 팬인 고객입니다. 로즈골드 4mm 볼 팔찌, 두 줄 발찌, 커팅 귀걸이 그리고 반려견에게 걸어줄 체인으로 5푼 모줄 체인을 구매했습니다. 기회가 있을 때면 언제나 잊지 않고 찾아주시는 정말 소중한 고객입니다.

경북 구미에 계시는 고객은 유난히 팔찌를 좋아하셔서 네 번째 재구매까지 했습니다. 2014년부터 꾸준하게 여자 팔찌만을 구매했는데, 큐빅이 화려하게 들어가 있는 패션 팔찌, 참이 달려 있는 참 팔찌, 발렌티노루디 팔찌, 그리고 두 줄 패션 팔찌까지 팔찌를 선택하시는 센스 또한 남다른 감각이 있는 듯했습니다. 아마도 고객의 생일 때마다 하나씩 구매했던 것 같았습니다.

중년의 부부가 매장으로 방문을 해주셨습니다. 결혼할 때 결혼 반지로 1부 다이아 커플링을 하시고 그동안 끼고 계셨는데 사이즈가 맞지 않아 수선했는데도 자꾸 돌아가서 새로 리폼하게 된 사연의 고객이었습니다. 댓글로 후기글도 올려주셨습니다. 시어머님이 결혼 선물로 주신 1부 다이아라서 나름 소중한 의미를 담고 있었습니다. 가지고 있던 다이아는 재사용하고, 가지고 있던 금은 가격으로 교환해드렸습니다. 고객이 가지고 계신 금은 직접 녹여서 만들지는 않습니다. 언제나 공장에서는 준비된 새 금으로 제작이 들어갑니다.

다섯 명의 친구들이 함께한 우정 팔찌로 뱅글 팔찌가 있습니다. 빵 돌아가며 친구들의 이니셜 이름을 영어로 넣은 멋진 우정 팔찌입니다. 친구들의 10주년 우정을 기리는 증표로 맞추신 멋진 뱅글 팔찌입니다 결혼하신 분도 있고 아직 싱글의 신분을 유지하고 계신 분도 계실 겁니다. 먼 훗날 멀리 떨어지게 되어도 친구들의 우정은 영원할 것 같습니다. 여자들의 우정 팔찌는 실속과 멋이 있습니다.

뱅글 팔찌에 각인 방법은 앞쪽에 큐빅을 두 개 넣고 큐빅 사이사이에 이름을 넣으면 앞쪽에 세 사람, 그리고 뒤쪽에 큐빅 하나를 사이에 두고 양쪽으로 이니셜을 두 사람 넣을 수 있습니다. 그럼 총 다섯 명의 이름을 새겨 넣을 수 있게 됩니다.

또 어느 날은 자매끼리 자매 팔찌를 하면서 가족 이름을 한자로 새겨 넣은 고객도 있었습니다. 두 아기의 발 도장을 함께 새겨 넣은 가족 팔찌는 아마도 가족의 소중한 보물 1호가 되었을 겁니다. 뱅글 팔찌에도 사랑하는 가족의 이름을 한자로 넣어 착용하고 있습니다. 일을 하다가 문득문득 가족의 이름을 보게 되곤 합니다. 또한 사랑하는 연인끼리 커플 팔찌로도 찾아주십니다. 반려견이나 반려묘의 이름도 넣어 착용하시는 고객도 있습니다.

고객 만족과 고객 후기는 결코 그냥 얻어지는 건 아닙니다. 고객의 마음을 읽고 고객이 원하는 무언가를 찾아드리고 고객과 함께 소통할 때 큰 행복과 보람을 가질 수 있습니다. 언제나 남의 눈치를 보지 않고 소신껏 최선을 다하는 모습으로 있는 것이 중요합니다.

A/S는 티파니보다 잘한다

작은 쥬얼리샵 제 매장에서 구매한 제품의 A/S기간은 없습니다.

가끔 고객들이 묻습니다. '혹시 사용 중 큐빅이라도 빠지면 언제까지 A/S가 되나요?' 그럼 이렇게 말씀드립니다. "제가 살아 있을 때까지 쭉입니다" 그럼 웃으시고 더 이상 물어보지 않습니다. 농담으로 드린 말씀이 아닙니다. 기간 없이 사용하시다 언제든 A/S는 가능합니다. 금속에도 A/S 기간이 있었나요? 그래서 사용하고 있는 보증서(한국귀금속판매업중앙회 회원)를 한번 살펴보았습니다. 품질보증기간 : *치수 상이 : 구입 후 1개월 이내(이건 호수가 크거나 작거나 할 때를 말합니다) *도금 또는 입힌 상태 불량 : 구입 후 1년 이내(화이트 제품은 자체 화이트골드에 도금해주는걸 말합니다. 사람에 따라서 도금 상태는 달라집니다. 도금은 땀이나 화장품 등에 약하기 때문입니다) *기타의 경우는 공정거래위원회 고시 제2010-1호에 따른다고 표시가 되어 있는 걸 확인할 수 있었습니다.

소비자의 입장에서 보면 참 좋은 내용입니다. 그런데 이와 같은 내용을 알고 있는 소비자는 아마도 한 사람도 없을 듯합니다. 보증서에 글자도 너무 작고 이러한 내용을 알려주는 곳 또한 없으니 말입니다.

음식 장사는 넉넉한 반찬 리필에 소문이 납니다. 잘되는 곳 음식점에 가서 반찬 리필을 요구하면 원하는 대로 계속 갖다 줍니다. 그래서 더 잘 됩니다. 장사는 좀 넉넉한 인심이 있어야 잘된다고 봅니다. A/S도 비용은 들어갑니다. 바로 그 비용은 광고비라고 생각하면 됩니다. 어느 장사가 광고비 한 푼도 안 쓰고 영업할 수 있을까요?

명함 하나 만드는 것도 광고비입니다. 영업하며 지불되는 비용 속에 보이지 않는 광고비 지출이 분명 있을 겁니다. 고객에게 서비스하고 고객은 만족하고 그 만족이 소문을 내게 됩니다. 그럼 잘되는 가게가 됩니다. 물건을 팔기만 하는 곳은 아닙니다. 팔고 난 후에도 끝까지 책임을 질 수 있는 책임감이 있는 곳이기도 합니다. 고객들의 A/S 후 반응을 찾아봤습니다.

"사장님~ 목걸이 잘 받았어요. A/S 꼼꼼하고 이쁘게 잘 해주셔서 감사합니다.역시 신뢰 100%네요. 오늘도 수고하시고 조만간 미리 연락드리고 매장 방문하겠습니다.(2018.01.20 카카오스토리)"

"와~ 대박 빨리 되네요. 깜놀. 감사합니다! 친절한 서비스에 중량 빠지는 작은 부분까지 알아서 체크해주시는 너무 정직한 시스템 감동이

에요 귀걸이 사러 또 갈게요! 좋은 한 주 되세요.(2017.04.24 카카오스토리)."

"우와, 디테일한 인증샷 감사드립니다. 엄청 꼼꼼 하세요. 감동입니다.(2018.03.16 카카오스토리에서 옮김)"

'A/S도 역시 주원쥬얼리'라는 제목으로 카페에 후기를 올려주신 단골 김해 고객의 내용입니다. 사슬 팔찌를 발찌로 착용하시고자 주문 후 착용하고 다니시다 운동 후 휘트니스에서 샤워 중 장식이 풀려 분실할 뻔한 경험을 하시고 바로 카카오톡을 주셨습니다. 고객의 상황을 알고 공장과 상의 후 방법을 찾아 설명해드리고 장식 옆에 보조키를 달아드리게 되었습니다.

"깔끔하고 탄탄하니 진심 맘에 들어요. 너무 잘 해주셔서 더 주원쥬얼리 팬이 될 듯하네요. 다시 한번 감사를 드립니다. A/S 때문이라도 주원쥬얼리 더 감동이네요.(2017.06.18 카페)"

김해 고객은 얼굴 한 번 보지 않으시고 믿고 찾아주시는 고객이십니다. 고객의 리얼 후기에 큰 보람과 행복을 갖게 되는 순간이었습니다.

반지를 맞춤으로 구매 후 사용하다가 어느 날 반지가 작아지는 경우도 생길 수 있고, 커졌다는 경우도 생길 수 있습니다. 그럼 무엇이 문제일까요? 물론 사람마다 오전, 오후에 따라 붓기가 있을 수는 있지만, 그 경우를 제외한 상황에서입니다. 바로 체중이 급격히 늘거나 줄어서일 겁니다.

체중이 늘면 손가락도 굵어지고 체중이 줄면 손가락도 가늘어집니다. 이런 상황은 구매 후 바로 나타나지는 않을 겁니다. 수개월 후 정도는 가능한 상황입니다. 이런 상황은 누구나 일어날 수도 있는 일입니다. 이와 같은 상황은 업체의 잘못으로 생긴 것이 아니기 때문에 문제가 될 수는 없습니다.

가끔 구매 후 수개월이 지난 뒤에 업체의 잘못으로 작거나 크다고 말씀해주시는 경우도 있었습니다. 구매 후 착용을 해보시고 사이즈에 관한 것은 일주일 안으로 문의를 주셔야 합니다.

천주교 묵주반지의 내용으로 포스팅을 할 때 꼭 드리는 말씀이 있습니다. "반지를 구입 후 체중을 늘리거나 줄이거나 해서는 안 됩니다. 체중을 유지하셔야 합니다"라는 내용입니다. 천주교 묵주반지는 나중에 사이즈 수정이 안 되는 반지입니다. 그래서 체중을 유지하시라는 말씀을 드리고 있습니다. 그리고 사용 중 스크래치가 많이 생겼을 때는 한 번쯤 보내주시면 처음처럼 상품화시켜드릴 수 있습니다. 언제든 관리에 신경 좀 써주시면 항상 깨끗하고 예쁘게 사용하실 수 있습니다.

규모가 작은 쥬얼리샵이라 제가 직접 고객의 불만이나 불편함을 들을 수 있습니다. 상식을 벗어나지 않는 선에서 고객의 입장으로 한 번쯤 생각하게 됩니다. 작은 쥬얼리샵에도 철학과 양심이 있습니다. 고객이 많은 곳에는 A/S도 많습니다. 전국으로 택배 배송을 하다 보니 A/S도 전국에서 올라옵니다. 웬만하면 당일 수리 후 배송하고 있습니다. 시간상 가능하다면 미루지는 않습니다. 빠른 서비스에 또 한 번 만족하게 됩니다. 보통 A/S 되는 상황은, 끼다 보니 반지가 작거나 큰 듯하다, 체인 줄이 끊어졌다, 반지 표면에 잔 스크래치가 많이 생겼다 등 사용 중 흔히 일어날 수 있는 상황들입니다. 이외에도 물론 다른 건들도 있었지만, 빠른 처리로 고객 만족을 드렸습니다.

물론 모든 고객이 100% 만족하시지는 않으셨을 겁니다. 불만이 있으신 고객도 있을 수 있다는 것을 생각하며 한 분, 한 분께 최선을 다하도록 더욱 노력하겠습니다. A/S는 또 다른 감동을 드립니다.

퀄리티는 백화점이다

지금의 종로3가에서 작은 쥬얼리샵을 운영하기 전 서울 구로동에 위치한 A백화점에서 준보석 매장을 10년 정도 운영한 경험이 있었습니다. 백화점을 찾는 고객들은 높은 퀄리티를 생각하기 때문에 가격이 다소 비싸다는 걸 알면서도 찾아갑니다.

같은 제품이 장소에 따라 달라 보이는 건 당연하다고 생각합니다. 인테리어가 멋지고 고급스러운 곳에 진열된 쥬얼리가 더욱 빛이 나고 눈에 띄기 마련입니다.

아름다운 쥬얼리는 사실 멋진 인테리어가 되어 있는 쇼 윈도우에 진열되어 아름다움의 가치를 보여줘야 하는 건 맞는 이야기일 겁니다. 청담동 예물샵들이 멋진 인테리어를 하고 결혼을 준비하는 예비 신랑, 신부들에게 예물을 판매하고 있습니다. 종로3가 오픈상가에서 작은 쥬얼리샵을 운영하는 제 처지와는 완전히 다릅니다.

한 상가에 여덟 매장이 함께 있는 화려하지도 않고 멋스럽지도 않은 그저 작은 쥬얼리샵입니다. 평생 한 번 있는 소중한 결혼 예물을 이왕이면 화려하고 멋진 쥬얼리샵에서 하려고 함은 당연한 것이라 생각됩니다. 저라도 그렇게 했을 겁니다.

저 역시 멋진 인테리어를 한 쥬얼리 매장에서 언젠가 고객들을 멋있게 맞이할 수 있기를 꿈꿔봅니다. 꿈은 이루어진다는 것을 생각하며 오늘도 열심히 고객들과 만나고 있을 겁니다. 그렇다고 가격의 변화는 없을 겁니다. 거품 없는 가격과 퀄리티는 유지됩니다. 비록 화려하고 고급스러운 인테리어는 없지만, 퀄리티만은 백화점에 입점해서 영업하는 준보석 매장이나 청담동 예물샵에 비해 결코 떨어지지는 않습니다. 그 하나가 있기에 종로3가에서 자신감을 가지고 고객들의 멋진 쥬얼리를 만들어드리고 있습니다. 종로3가에 있는 모든 귀금속매장을 대표해서 드리는 말씀으로 생각하셔도 됩니다.

종로3가는 귀금속의 시장일 뿐, 퀄리티는 절대 떨어지지 않습니다. 대한민국의 귀금속은 종로3가에서 시작된다고 해도 틀린 말은 아닐 겁니다. 제품을 받아보신 고객들의 칭찬은 끊어지지 않고 계속 후기가 올라오고 있습니다. '평생 간직하고 싶은 의미 있는 반지가 될 듯합니다'라고 반지를 받으시고 후기를 보내주셨던 강원도 평창에 계신 남성고객의 소식도 있습니다.

"사장님 저희 반지, 목걸이 잘 받았어요. 생각보다 더 이쁘게 나와서 기분 좋아요. 사이즈도 잘 맞아요. 신랑도 맘에 쏘옥 들어하네요. 정말 기대 이상이에요. 신랑도 이번 커플링 맘에 든다고 일할 때도 계속 끼고 있겠답니다. 넘 감사해요" 미녀와 야수 커플링과 늑대와 여우 커플 목걸이로 결혼 예물을 준비하신 커플의 후기입니다. "이쁜 반지 때문에 결혼기념일 잘 보냈습니다" 순금 커플 반지를 결혼기념일 선물로 준비한 남편분의 후기입니다. "워낙 꼼꼼히 잘해주셔서 믿고 구입하니 좋아. 정말 반짝거리고 예쁘네요. 남편 팔찌도 맘에 들구요. 감사합니다" 2부 다이아 쌍가락지와 남편분의 팔찌를 구매하셨던 단골 고객의 후기입니다. "사장님 잘 받았습니다. 사진보다 더 디테일한 게 아주 맘에 듭니다. 신경 써주셔서 감사드려요. 다음엔 제 이름 한자 반지 주문할게요. 너무 감사합니다" 사주 쪽으로 필요한 기운을 받을까 해서 을, 묘, 오 한자를 넣어 만든 순금 한자 반지를 의뢰한 남성 고객의 후기입니다.

퀄리티가 좋은 제품은 어딜 가나 빛을 발합니다. 가격이 저렴한 것과 퀄리티는 아무런 관계는 없습니다. 가격이 저렴하니까 품질은 떨어질 거라 생각하시면 오산입니다. 장소에 따라 다를 수 있는 건 가격입니다. 퀄리티가 아닙니다.

지금까지 퀄리티가 떨어진다는 말은 한 번도 들어본 적은 없었습니다. '청담동 예물샵은 공방에서 만들어지고 종로3가는 공장에서 만들어진다?' 공방과 공장에 따라 느낌이 다르게 느껴지긴 합니다. 하지만 공방과 공장에서 만들어지는 제품은 같습니다. 제가 운영하는 작은 쥬얼리샵은 진실만을 얘기합니다. 당장의 눈앞에 보이는 이익만을 생각하지 않습니다. 퀄리티를 평가하는 건 제가 아닙니다. 바로 고객입니다. 고객은 냉정합니다. 왜냐하면 비싼 돈을 주고 구매하기 때문입니다. 그리고 후기는 쉽게 올라오지 않습니다. 자발적 후기는 고객 만족과 고객 감동이 있어야만 올라올 수 있습니다.

소비자는 똑똑해졌습니다. 어떤 하나를 구매하기 위해서는 그냥 구매하지는 않습니다. 모든 정보를 검색하고 또 검색하고 여기저기 비교도 해보고 살펴보고 고민하고 몇 날 며칠 고민을 하고 결심이 섰을 때 구매하게 됩니다. 이렇게 해서 매출이 발생하는 곳은 정말 믿을 만한 곳이 아닐까 생각이 듭니다.

너무 많은 정보가 넘쳐 나는 세상입니다. 어디가 좋고 어디가 안 좋고 어디가 원조이고 어디가 정말 잘하는 곳인가는 고객들이 알고 있을 겁니다. 발 없는 말이 천 리를 간다고 했습니다. 그것이 바로 입소문입니다. 입소문이 나면 장사는 흥할 수도 있고 망할 수도 있습니다. 제가 백화점에서 종로3가로 매장을 옮길 때 재고 상품은 그대로 가지고 와 진열하고 바로 영업을 시작습니다. 장소만 바뀌었을 뿐, 재고 상품은 그대로였습니다.

종로3가의 귀금속은 퀄리티가 떨어진다는 것은 결코 잘못된 소문입니다. 고객들의 후기가 그것을 뒷받침하는 증거가 될 수 있습니다. 고객은 알고 있습니다. 고객은 언제나 옳습니다. 대한민국의 쥬얼리는 종로3가에서 시작된다는 것을 다시 한번 말씀드립니다. 종로3가에 있는 아무 매장을 찾아간다 해도 후회 없는 구매를 할 수 있습니다. 가격 또한 거품 없는 착한 가격으로 가성비 최고의 효과를 볼 수 있습니다. 매장들이 너무 많아 가격 또한 경쟁이 치열하기도 합니다. 그저 화려하고 분위기 멋진 곳에서 높은 가격을 지불하고 구매해야 퀄리티 좋은 상품을 구매할 수 있는 건 절대 아닙니다. 백화점이나 종로3가의 퀄리티는 같습니다. 백화점과 종로3가 이름만 다를 뿐입니다. 그저 장소에 따라서만 달라지는 것이 있다면, 그것은 가격입니다.

또한, 친절한 서비스도 있습니다. 가격 경쟁이 치열한 만큼 고객을 응대하는 친절한 서비스도 있습니다. 단지 장소가 협소해서 조금은 불편할 수 있는 상황도 있긴 합니다. 많은 고객들의 구매 후 진정한 후기는 모든 걸 말해주고 있습니다.

카카오톡 친구 9,960명

카카오톡 개인 사용 용량은 1만 명을 넘지 못하는 것 같습니다. 작년부터 9,960명 정도를 넘어가지 못하고 있는데, 카카오톡 친구가 꽉 찼습니다. 새로운 친구 대기자는 항상 100명을 표시하고 있습니다. 대기 친구를 포함하면 1만 명은 넘어간 듯합니다. 5년 전 제 카카오톡 친구는 가족과 지인들로 100여 명 정도로 기억하고 있습니다만, 블로그를 직접 운영하면서 카카오톡으로 문의가 계속 오고 있습니다. 지금껏 살면서 이렇게 많은 친구를 두게 된 건 처음입니다. 잠자는 시간, 출근하는 시간을 제외하고는 실시간 고객의 문의를 받고 상담해드리고 있습니다.

보통 상담 오는 고객의 연령층은 20~30대가 가장 많은 듯합니다. 20~30대와 막힘 없이 자연스럽게 카카오톡 상담을 하는 제 나이는 50대

중반의 나이입니다. 어느 고객은 상담 후 제가 젊은 청춘인 줄 알았다고 놀라기까지 하시더라고요. 상담할 때 제 프로필 사진을 보지 않으신 듯합니다. 연령대가 있어 무게감도 있습니다. 뭔가 상담 내용이 진지합니다. 나이가 있다는 건 상담 시 결코 마이너스는 안 됩니다. 오히려 믿음이 가는 상담이 될 수 있을 겁니다. 형 같고 아빠 같은 사람으로 생각될 수도 있습니다. 하지만 상담은 어느 고객의 말씀처럼 나이스하게 합니다. 느리지 않습니다. 빠르고 명쾌합니다. 진정성이 있고 해답이 있습니다.

카페, 블로그, 페이스북, 인스타그램, 카카오채널, 카카오스토리 이러한 것을 모두 합쳐 바이럴 마케팅이라고 하는데, 각 해당 사이트에서 보고 결국 상담은 한 곳으로 모이게 되어 있습니다. 바로 카카오톡입니다. 아침부터 자기 전까지 쉴 틈 없는 상담이 이어지고 있습니다. 퇴근 후 가족과 외식할 때가 생각납니다. 상담하느라 저녁도 제대로 못 먹었던 기억이 나네요. 식구들의 눈치까지 받으면서 말입니다. 식구들에게는 불량 아빠가 되어버렸습니다.

아마도 종로3가 귀금속상가에서 카카오톡 상담을 하고 있는 곳 중에서 손꼽히지 않을까 생각이 듭니다. 어디까지 개인적인 생각입니다만, 착각일 수도 있습니다. 알게 모르게 소문은 이미 나 있는 걸로 알고 있습니다만 저보다 더 잘하고 있는 사장도 있을 겁니다. 눈으로 제품을 보지 않고 구매를 해야 하는 상황이라 고객들의 문의는 금방 끝나지는 않습니다. 보통 30분 이상 한 시간 이상으로, 길게는 며칠 또는 몇 달까지 상담이 이어지는 경우도 많습니다. 고객 입장으로는 실시간 상담으로 궁금한 점은 먼저 살펴보는 시간을 가질 수 있어 매우 유익한 정보를 얻을 수 있다고 생각됩니다. 알고 가는 길과 모르고 가는 길의 차이는 클 수 있습니다. 요즘 정보가 넘쳐 나는 시대를 살고 있다고는 하지만 제대로 알 수 있는 곳 또한 흔하지 않다고 봅니다.

카카오톡 상담을 하고 있다고는 해도 제대로 하는 것이 더욱 중요하다고 봅니다. 카카오톡 상담을 5년 정도 하다 보니 나름의 노하우도 생겼습니다. 갤러리에 고객들이 필요로 하는 내용의 사진을 정리·분류해놓았다가 상담 중 필요한 것을 빠르게 찾아 보여드리기도 하고 비교 자료도 준비해놓았다가 원하는 고객들에게 정보를 드리고도 있습니다. 타자는 띄어쓰기를 하면서 말은 짧게, 고객이 알아보기 쉽게 쓰기도 합니다. 고객과의 실시간 상담이 바로 구매로 이어질 수 있는 순간이라 정신 바짝 차리고 긴장을 하며 상담하고 있습니다.

고객은 구매하기 위해 오프라인 매장을 발품을 팔아 두세 군데 또는 서너 군데 들러봅니다. 가격도 물어보고 제품도 보고 다른 매장과 비교분석을 한 후에 맘에 드는 곳으로 가서 구매합니다. 그러나 카카오톡 상담은 그보다 더욱 편리하게 원하는 제품과 가격을 비교해볼 수 있어 구매 고객에게는 유리한 점도 있습니다. 어디가 더 상담을 진정성 있게 하는지는 상담해본 고객이라면 금방 알 수 있으실 겁니다.

고객이 짜다면 짜다, 나도 고객이다

언젠가 어느 식당에 갔더니 인상적인 문구가 눈에 띄었습니다. '고객이 짜다면 짜다!' 고객을 생각하는 주인장의 영업 철학이 담겨 있는 듯했습니다. '어떻게 반응하는지 짜다고 해볼까?' 궁금한 생각이 들긴 했지만 실천하지는 못했습니다. 분명 다른 식당과 달리 고객의 입맛을 맞춰주는 어떠한 조처를 했을 거라 믿으며 맛있게 먹고 나온 적이 있었습니다. 꽤 오래전의 경험인데 평생 잊지 않고 기억 속에 남아 있는 건 왜일까요? 장사하는 입장이라 아마도 기억 속에 오래도록 남아 있는 듯합니다.

결혼 전에 백화점 귀금속매장이나 준보석 매장에서 근무했기 때문에 주로 양복은 백화점 양복 코너에서 구입해 입었습니다. 그런데 한 번은 구입 후 입고 다니던 옷이 어딘가 모르게 많이 큰 듯한 느낌이 들었습니다. 그때만 해도 양복을 자주 구입하는 상황이 아니라 옷을 입었을 때의 모습이 잘 맞는 건지를 몰랐습니다. 그저 혼자의 생각으로는 아마도 양복을 판매하는 직원이 대충 사이즈를 골라준 것 같았습니다. 나에게 잘 맞지 않는 사이즈를 잘 맞는 것처럼 대충 판매했다고 생각이 들었습니다. 가지고 있던 다른 양복과의 사이즈가 많이 달라서 알 수 있었습니다. 아마도 기성복이라 사이즈가 나에게 맞는 게 없었던 것이 아닐까 생각해봤습니다. 총각 때의 일이 아직도 생각이 나는 걸 보면 그때의 상황이 저에게는 큰 경험이었던 것 같았습니다.

고객이 맞춘 반지를 찾아가기 위해 어느 매장을 방문했었습니다. 방문 수령은 바로 손가락에 끼어보고 잘 맞는지 안 맞는지를 바로 알 수가 있습니다. 그런데 직원이 응대하는 모습을 지켜보니 고객의 손가락에 반지가 좀 타이트하게 들어가는 것이었습니다. 고객도 좀 뭔가 불편하다는 말을 하고 있음에도 직원은 잘 맞는다고 말하며 계속 고객에게 밀어붙이는 듯한 느낌을 받았습니다. 지켜보는 제가 볼 때도 분명 작은 느낌을 받았습니다. 한참을 고객과 의견을 주고받았던 직원이 다시 사이즈를 맞춰주기로 하고 고객은 돌아갔습니다. 아마도 기분이 좋게 돌아가지는 않았을 겁니다. 물론 직원의 입장도 이해는 했습니다. 수리가 불가능한 밴드형이라 새로 제작 시 비용 손실이 커서 선뜻 다시 해드린다는 말을 하지 못했을 거라 생각합니다. 하지만 고객의 입장에서 보면 사이즈가 맞지 않는 반지를 그냥 낄 수는 없는 문제였습니다.

반지를 맞출 때 사이즈는 잘 재야 합니다. 거기에 판매자의 경력과 노하우가 나타난다고 봅니다. 반지의 모양이나 반지 안쪽 상황도 살펴서 생각해야 합니다. 메움이 되어 있는 반지인지, 뚫려 있는 반지인지도 살펴야 합니다. 손가락에 형태에 따라 호수를 키워야 하는지도 판단할 수 있는 센스와 감각도 있어야 한다고 봅니다. 그냥 아무나 호수를 재는 거와는 다릅니다. 경력자와 초보자의 차이로 보면 쉽게 이해할 수 있습니다. 하지만 아무리 실력이 뛰어난 전문가가 호수를 쟀다고 해도 공장에서 출고 시 약간의 사이즈 오차는 생길 수가 있어서 판매자에게만 모든 걸 물을 수는 없는 문제입니다.

또 이런 상황도 생길 수는 있습니다. 사람에 따라 손에 붓기가 다를 수 있습니다. 오전과 오후가 다르기도 합니다. 구두를 살 때는 하루 중 오후에 사라는 얘기도 있습니다. 왜냐면 오후에는 발이 부어 있을 때이기 때문입니다. 그리고 체중에 변화에 따라서도 달라지게 됩니다. 반지는 주문 후 보통 일주일 정도 걸리기 때문에 체중에 변화로는 보기 어렵습니다. 단지 한 달 정도 후에 사이즈 변화는 체중의 변화로 인정할 수 있는 문제도 생길 수가 있습니다. 체중이 늘면 손가락도 굵어집니다. 물론 살이 빠지면 손가락도 조금 가늘어집니다. 주문 후 일주일 정도면 완성이 되어 그동안의 체중 변화로는 보기는 어렵습니다. 구매 후 잘 맞던 반지가 한 달 후 작아지거나 커졌다면? 분명 체중의 변화가 생겨서일 겁니다.

이런저런 이유는 있을 수 있습니다만, 고객이 호수가 맞지 않는다 하면 맞지 않는 겁니다. 음식이 짜다면 짠 겁니다. 고객이 짜다고 한 음식을 맛보며 "이게 뭐가 짜나요?"라고 말할 수 있을까요? 그런 말을 물을 수 있다면 영업을 종료해야 한다고 생각합니다. 고객의 입장에서는 기분이 좋을 수가 없습니다. 그럼 그 기분은 곧 SNS를 타고 소문이 돌게 됩니다. 그럼 소문을 들은 사람들은 그곳을 가지 않을 겁니다. 그럼 그 식당은 얼마 가지 않아 문을 닫게 될 겁니다.

그와 같은 상황이라고 봅니다. 그러니 주문 시 사이즈는 잘 재야 합니다. 또한 고객이 주문한 반지는 잘 맞게 만드는 게 서비스입니다. 반지에 손가락을 맞출 수는 없습니다. 손가락에 반지를 맞추는 겁니다. 반지의 호수는 반(0.5) 호수도 맞출 수가 있습니다. 게이지로는 한 호수씩 잴 수가 있는데, 판매자의 느낌으로 예를 들면 18호보다는 조금 크고, 19호보다는 조금 작게 18.5호로 맞출 수도 있습니다.

고객에게 조금이라도 편한 느낌을 줄 수 있는 사이즈 측정은 고객에 대한 서비스라고 할 수 있습니다. 맞지 않는 양복을 입고 다닐 때 왠지 빌려 입은 듯하다는 말이 나올 수도 있습니다. 내 손에 꼭 맞는 커플 반지를 꼈을 때 고객의 기분은 좋아집니다. 정해져 있는 반지의 호수에 손가락을 맞추는 일은 절대 일어날 수 없습니다. 또한, 아무리 고가의 반지라 해도 고객을 배려하는 영혼이 없는 판매는 하지 않는 것이 중요합니다. 고객이 이상한 건 결코 아닙니다. 원인은 호수를 잘못 재었기 때문입니다. 잘못 잰 호수의 반지는 누가 책임을 져야 할까요? 초등학

생도 얘기할 겁니다. '사이즈를 잰 사람이요'라고요. 고객이 까다로운 건 판매자가 까다롭게 만들어주기 때문일 겁니다

고객의 불만은 불편에서 시작됩니다. 고객의 감동은 불편을 해소시켜줄 때 일어납니다. 고객의 불편을 빠르게 이해하고 도와드릴 수 있는 마인드가 중요하다고 봅니다. 언제나 고객의 입장에서 생각하고 나도 어딘가에선 고객이란 걸 생각해야 합니다.

Jewelry Shop

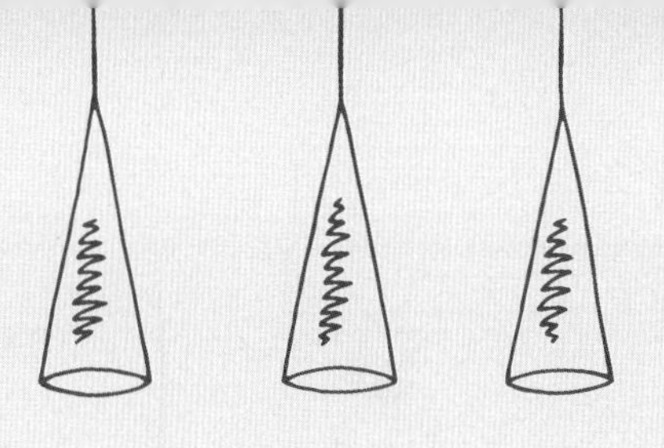

PART 03

고객이 이끌어간다

아이디어를 주는 건 고객이다

고객들의 아이디어는 참으로 무궁무진합니다. 저도 가끔씩 카카오톡 상담 중 놀라기도 합니다. 발명의 기본은 더하기 빼기라 하죠? 유선과 무선처럼 선 하나가 있고 없고는 큰 차이가 있다는 걸 알 수 있을 겁니다. 결과를 보면 참 간단하지만, 그걸 생각해낸다는 게 쉬운 일은 아닌 것 같습니다. 고객들도 필요로 하는 품목이 좀 더 색다른 게 없을까 생각하다 아이디어가 떠올라 문의를 주시게 되는 듯합니다. 생각해낸 고객도 고민에 고민 좀 하셨을 겁니다. 아무런 생각 없이 아이디어는 나오지 않습니다. 뭔가 나만의 특별한 쥬얼리를 소장한다는 것만으로도 큰 즐거움이 아닐까 생각됩니다. 아이디어는 고객이 주고, 무에서 유를 찾아드리는 건 제가 하고 있습니다.

남자친구에게 뭔가 특별한 선물을 하고 싶어 저를 찾아주신 여성 고객님, 예전부터 나와 있던 어린왕자 코인 펜던트를 100원짜리 동전 크기로 만들고 그 안에 어린왕자를 넣고 남자친구의 이름과 생년월일을 넣어달라는 문의였습니다. 그동안은 보통 커플의 영문 이니셜과 짧은 문구 정도를 넣어드리기는 했는데, 이와 같은 상담은 처음이었습니다. 체인을 빼고는 핸드 메이드 과정을 거쳐 코인 크기를 만들 수 있었고 어린왕자는 네이버 이미지에서 찾아 고객에게 검품받아 작업했습니다. 남자친구의 생년월일과 이름을 영문으로 깊은 각인해 넣었습니다. 어린왕자, 생년월일, 영문 이름은 깊은 각인으로 영원히 지워지지 않을 겁니다. 세상에서 하나밖에 없는 멋지고 뜻깊은 선물이 되었을 겁니다. 아마도 기성 제품으로 나오던 어린왕자 펜던트를 보고 생각해낸 듯했습니다. 센스 있는 아이디어였습니다. 그때 남자친구가 다쳐 병원에 입원 중이었다고 했는데, 남자친구가 감동받아 빠른 회복을 하지 않았을까 생각합니다. 고객의 톡톡 튀는 아이디어로 만들어진 어린왕자 코인 목걸이는 제 블로그에 잘 보관되어 있습니다.

고객의 아이디어가 멋진 작품으로 남았습니다. 아마도 간절히 원하시는 고객의 마음이 저와 소통되었던 것 같았습니다. 다른 고객은 그 어린왕자 팬던트를 보시고 자신이 마라톤에 나가 뛰는 모습의 사진을 넣어달라는 문의도 있었습니다, 얼굴은 작게 나와서 윤곽 정도로 전체 뛰는 모습을 잘 담아드리기도 했었습니다. 아마도 고객에게는 소중한 기념의 목걸이가 되셨을 겁니다. 사랑하는 아기와 기념될 만한 것을 생각하시다 찾아내신, 아기와 함께한 뱅글 팔찌가 있습니다. 보통은 본인

이름이나 가족의 이름을 넣거나 짧은 좌우명 같은 문구를 넣어 착용하지만, 이 고객은 아기의 발 도장과 생년월일, 그리고 아기 이름만을 넣어 제작하게 되었습니다. 발 도장은 보통 아기 미아방지 목걸이에 넣어 아기의 돌을 기념하는 돌 선물로 주로 사용되고 있었는데, 뱅글 팔찌에 넣은 것은 처음이었습니다. 사랑하는 아기와 함께 공감하면서 언제나 함께할 수 있어 좋을 듯합니다. 발 도장은 아기가 태어날 때 병원에서 기념으로 찍어준 것으로 사용합니다. 이 내용을 보고 아이디어를 공유한 고객도 있었습니다. 두 아이가 있는 고객에게 아이들의 발 도장과 부부의 이름 그리고 생년월일까지 넣어 제작해드리니, 예쁘게 착용한 인증샷까지 넣어 후기를 보냈습니다. 그 어느 팔찌가 이처럼 소중하게 느껴질 수 있을까요? 엄마의 뱅글 팔찌는 가족의 소중한 추억과 사랑을 담아 언제까지나 함께할 수 있을 겁니다.

그리고 출산을 앞둔 아내에게 특별한 선물을 준비한 예비 아빠의 감동 선물도 있었습니다. 아기가 태어나기 전에 주문해놓으시고 제작 완료된 상태에서 아기가 태어나 발 도장을 찍어 보내주셨습니다. 미리 출산선물을 준비한 남편분의 아내에 대한 사랑이 담긴 뱅글 팔찌, 출산한 지 얼마 안 되어 남편에게 받은 특별한 선물로 아내분은 얼마나 감동하셨을까요? 고객에게 소중한 가족, 아내와 아기를 위해 만든 소중한 선물로 평생 추억에 남을 겁니다.

이외에도 고객들의 아이디어는 참 많습니다. 연인끼리 커플 목걸이로 서로의 지문을 넣어 만든 지문 목걸이도 아이디어가 참신한 것 같았습니다. 사람마다 자기만의 지문을 가지고 있다고 합니다. 사랑하는 연인끼리 사랑의 증표로 딱 좋은 아이템인 듯합니다. 가족의 이름을 넣은 평반지, 가족은 소중합니다. 특별합니다. 그리고 사랑입니다.

평반지는 오래전부터 심플한 디자인을 찾는 고객들에게 인기를 끌고 있는 반지입니다. 평평한 면에 아무런 무늬가 없는 반지를 평반지라 합니다. 보통 넓이는 6~10mm 정도를 많이 끼고 다닙니다. 심플해서 남녀 누구나 좋아하고 어울리는 디자인입니다. 고객의 아이디어로 4인 가족의 이름을 영문으로 빵 돌아 새겨 넣어드리게 되었습니다. 언제나 함께 있어 소중함을 잊고 살고 있는 것 또한 가족이라 생각됩니다. 가족의 소중함도 생각하고 언제나 의지하고 함께 공감할 수 있는 연결고리가 될 수 있어 더욱 좋은 듯합니다. 고객의 아이디어로 가족 사랑이 더할 듯합니다. 깊은 각인으로 새겨 영원히 지워지지 않습니다. 고객의 아이디어가 또 다른 누군가에게 특별한 사랑과 행복을 줄 수 있다는 것이 너무 멋지지 않나요?

안 되는 건 없다 맞춤형이다

금 재질은 연성이 있어 열을 가하면 붙였다가 띄었다가 가능합니다. 화인 쥬얼리는 장인의 손끝에서 그렇게 만들어지는 겁니다. 손가락 호수도 사람마다 각기 다릅니다. 손가락 호수에 맞춰 반지를 착용해야만 착용감이 좋고, 왠지 내 몸에 꼭 맞는 옷을 입었을 때 옷맵시가 예쁘게 나타나는 것처럼 내 손에서 멋지게 빛날 수 있습니다. 반지에 내 손가락을 맞출 수는 없겠죠? 나에게 맞지 않는 옷을 입은 모습은 어떨까요? 왠지 우스꽝스러워 보일 겁니다. 어색해서 걸음도 자연스럽지 않을 겁니다.

어디를 가나 매장에 진열된 반지들의 호수는 기본 호수로 모두 똑같은 호수입니다. 남자용은 18호, 여자용은 12호로 제작되어 있습니다. 우리나라 성인 평균 호수로 정해놓은 사이즈입니다. 간혹 매장에 반지가 고객의 손가락에 잘 맞는 경우도 있습니다. 그런 고객은 반지를 구매할 때 맞춤으로 하지 않으셔도 됩니다. 그냥 어딜 가나 바로 맘에 드는 디자인을 바로 구매하실 수 있습니다. 기본 스탠다드 손가락 호수이기 때문입니다. 그러나 보통은 대부분의 고객이 맞춤으로 하길 원합니다. 물론 견본 반지의 호수가 맞지 않기 때문도 있지만, 비싼 쥬얼리를 구매하는 데 보통은 새것으로 제작해 받기를 원하시는 것 같습니다. 손가락 호수는 호수를 재는 판매자에 따라 조금은 달라질 수도 있습니다. 고객의 손가락에 잘 맞는 반지를 맞춤해준다는 건 바로 오랜 경험과 노하우에서 나오는 감각이 있어야 가능하다고 생각합니다.

옷에 내 몸을 맞추는 걸까요? 아니죠, 내 몸에 옷을 맞춰야 합니다. 저의 작은 쥬얼리샵에서는 모든 품목을 맞춤형으로 제작이 가능하기 때문에 많은 고객들이 찾아주고 있습니다. 목걸이의 기본 길이는 보통 체형에 42cm를 하고, 팔찌는 기본 17.5cm를 기준하고 있습니다. 남성용 목걸이는 보통 체형에 길이는 50cm를 하고 팔찌는 19.5cm를 기본으로 하고 있습니다. 체형에 따라 길이는 달라지고 체형에 맞게 맞춤 제작해드리고 있습니다. 카카오톡 상담 중 남편분에게 체인 목걸이를 선물하는 여성분이 있으셨습니다. 이때 가장 중요한 것은 바로 체인의 길이입니다. 남편분의 키와 몸무게를 여쭈어보고 체인의 길이를 가늠해서 상담해드리고 있습니다. 그럼 팔찌를 선물할 때는 어떻게 사이즈를 재야 할까요? 손목에 살짝 튀어나온 복숭아뼈가 있습니다. 튀어나온 곳 제일 높은 곳으로 손목 둘레를 여유 없이 잘 재서 알려주시면 됩니다. 그럼 거기에서 팔찌 넓이에 따라 1~2cm 정도를 키워서 제작하게 됩니다. 상담할 때마다 고객들에게 확인하고 있는 부분입니다.

카카오톡 상담을 통해 구매해주시는 고객들이 많습니다. 커플반지나 싱글링으로 주문할 때는 호수를 정확히 재어보고 알려주셔야 하는데, 대충 인터넷에 올라가 있는 호수 재는 법으로 새시면 나중에 호수가 맞지 않아 번거롭게 되는 경우가 생기실 수도 있습니다. 사실 구매하지 않으면서 동네 금은방이나 쥬얼리샵에 가서 호수만 재어달라 하기에는 어려움이 있을 겁니다. 금방이나 쥬얼리샵에 가면 손가락 호수를 재는 게이지가 있습니다. 인터넷에서 저렴한 가격으로 판매하는 것을 구매해서 재어보는 방법도 있을 겁니다.

게이지 호수는 실제 손가락 호수로만 알려주시면 됩니다. 키워서 주시면 나중에 잘 맞지 않을 수도 있습니다. 만약 10mm 넓이에 평반지를 맞추시게 된다면 실제 게이지 호수로 재어 그대로를 주시면 됩니다. 넓은 반지는 한 호수 키워야 한다는 생각으로 호수를 키워서 주시면 안 됩니다. 왜냐하면 주신 호수에서 10mm 평반지는 2호수를 키워서 제작하기 때문입니다. 키워서 주신 호수에 2호수를 키워서 제작하기 때문에 평반지 호수는 게이지 호수에서 3호수가 커져 맞지 않는 상황이 생기게 됩니다. 이처럼 반지의 넓이에 따라 호수는 달라지게 됩니다. 완성 후 반지가 잘 맞지 않으면 고객과의 사이가 참으로 난처해집니다.

게이지 호수로 잴 수 있는 건 30호까지가 가능합니다. 간혹 30호가 넘어가는 사람도 있긴 합니다. 예전에 딱 한 번 30호가 조금 넘어가는 고객을 본 적은 있었습니다. 반지를 구매 후 한 달 전에 호수가 작거나 크면 판매한 곳에서 책임을 질 수 있지만, 수개월이 지난 후 반지가 크거나 작아졌다면 그것은 분명 체중의 변화가 생겼기 때문으로 볼 수 있습니다. 그때는 고객의 책임이 됩니다. 체중의 변화로 호수에 변화가 생겼기 때문입니다. 그러니 소중한 결혼반지나 연인과의 커플링을 맞추셨다면 체중 관리를 잘하셔야 소중한 의미를 가진 반지를 오래도록 끼고 다닐 수 있게 됩니다.

어떤 고객들은 원하는 디자인을 찾아 이미지 사진을 카카오톡으로 보냅니다. 그런데 사진이 있다는 건 기성품이 있다는 걸 의미합니다. 종로3가 귀금속상가에는 쥬얼리 총판이 있습니다. 바로 그곳에서 찾게 됩니다. 기성품이라 하나의 틀이 있어 모두 같은 모양으로 되는 겁니다. 그래서 고객들이 원하시는 디자인은 대부분 가능하다고 보면 됩니다. 만약 원하는 디자인이 있다면 최대한 제품의 정보가 있어야 합니다. 좀 더 디테일한 사이즈 정보도 필요합니다. 금의 색상도 옐로골드, 화이트골드, 로즈골드를 선택할 수 있습니다. 요즘은 로즈골드가 유행이라 더욱 세련된 느낌을 가질 수 있습니다. 금의 색상 변화에 가격은 그대로이기에 나중에 금값으로 팔 때도 모두 같은 가격으로 받으실 수 있습니다. 모든 제품은 고객의 취향에 따라 맞춤형으로 제작이 가능합니다. 기성품이 아니라면 좀 더 디테일한 정보를 주시면 가능합니다.

캐드 작업으로 가능하기 때문입니다. 옷을 맵시 있게 입는 방법은 내 몸에 잘 맞아야 합니다. 쥬얼리도 같습니다. 목걸이는 체형에 잘 맞게 짧지도 길지도 않게 착용해야 예쁘게 보입니다. 팔찌도 너무 크거나 작으면 생활하는 데 불편할 수도 있습니다. 내 몸에 꼭 맞는 쥬얼리를 찾아드리고 있습니다.

투명하고 합리적이다

'금은방' 하면 무엇이 떠오르시나요? 젊은 분위기가 있는 느낌이 드시나요? 화려한 느낌이 드시나요? 금은방이란 이름부터 왠지 올드한 느낌이 납니다. '쥬얼리샵'이라면 좀 더 생기 있고 젊은 느낌이 나긴 합니다. 제가 한 우물을 파기 시작할 때 명동에서 처음 일을 배우기 시작했습니다. 그때 롯데백화점 일번가라는 곳에 즐비하게 늘어선 귀금속매장을 가보았던 기억이 납니다. 매장 안을 들어가 볼 수는 없어서 그저 주변에서 슬쩍 보고만 왔던 기억이 납니다. 인테리어도 화려하고 매장마다 화려한 고가의 보석들이 반짝이면서 아무나 접근할 수 없는 부담감을 느낄 수 있었습니다. 그 당시만 해도 쥬얼리는 부자들만 찾을 수 있는 곳이었습니다. 제품의 정보는 공개된 게 없었고, 매장마다 나름의 디자인으로 고객들을 대하고 있었습니다. 외국 잡지를 갖다 놓고 디자인을 모방하는 수준이었고, 가격은 부르는 게 값이었습니다. 그때는 인터넷도 없었고 블로그도 없었던 시절이었습니다. 디자인 공유는 생각지도 못했던 시대였을 겁니다. 지금처럼 디자인도 다양하지 않았습니다.

세월이 참 많이 변했습니다. 벌써 제가 쥬얼리 판매를 해온 지 31년이란 세월이 흘러가고 있습니다. 그동안 참 많은 걸 보고 경험해왔고 노하우도 생겼습니다. 경험은 결코 돈으로 살 수 없습니다. 골프가 대중화가 되어 누구나 쉽게 맘만 먹으면 접할 수 있는 스포츠가 되었듯이 쥬얼리 역시 골프보다 더 대중화가 되었다고 생각합니다. 고객들은 이제 고가의 보석을 사기보다는 즐거움을 가질 수 있고 저렴한 가격으로 소중한 의미도 줄 수 있는 쥬얼리를 선택하고 있습니다. 연인끼리 14k 커플 반지를 맞추는 것이나, 가족이나 연인끼리 커플 목걸이로 또는 선물용으로 14k, 18k 이니셜 목걸이를 맞추는 것도 저렴하지만, 의미를 담을 수 있는 쥬얼리라고 봅니다.

이처럼 쥬얼리는 현재 대중화가 되어 있습니다. 고객이 주문한 품목은 완성 후에 꼼꼼하고 투명한 인증샷으로 카카오톡이나 문자 메시지로 미리보기 소식을 보내고 있습니다. 또한 고객과의 상담한 곳으로 인증샷을 보내고, 카페 대화창, 네이버 톡톡, 인스타그램, 페이스북, 상담한 대화창으로 고객이 구매한 상품의 인증샷이 날아갑니다. 제품이 공장에서 출고되면 주문 내용과 같은지를 확인하는 검품 과정을 거치고 빠르게 휴대전화로 인증샷을 촬영합니다. 제품의 정면, 옆면, 위, 아래, 속까지 찍고 보증서와 저울 중량 확인 인증샷을 찍습니다. 한 고객의 인증샷만도 10~20장 사이입니다. 촬영 중 작은 스크래치라도 발견하면 바로 공장으로 가지고 가서 살짝 광을 내서 옵니다. 그래서 고객에게 인증샷을 보낼 때는 항상 긴장하고 있습니다. 요즘은 레터링 각인을 많이 합니다. 혹시나 레터링이 잘못되었는지도 꼼꼼히 살피고 확인합니다. 이렇게 확인 후 제품의 구석구석을 보여드리니 고객은 만족과 감동으로 보답해줍니다. 혹시나 하는 의심에서 안심으로 바뀌는 상황이 인증샷에서 생길 수도 있습니다.

요즘 스마트폰이 예술입니다. 화질이 너무나 좋습니다. 먼지도 찍힙니다. 작은 스크래치 하나도 잡아냅니다. 대단하지 않습니까? 그 상황을 모두 겪으며 최선으로 인증샷 촬영 후 고객에게 보내고 있습니다. 특히 가장 중요하게 생각되는 부분이 바로 중량 확인 인증샷이라 생각됩니다. 중량을 달 때마다 긴장하고 있습니다. 고객의 입장에서 생각하고, 상식을 벗어나지 않는 선에서 하나하나 이해하기 쉽게 투명하고 합리적인 방법으로 고객과 함께할 수 있어 행복과 보람을 느끼며 오늘도 열심히 달리고 있습니다. 하루하루가 쉴 틈이 없이 긴장 속에서 빠르게 지나가고 있습니다. 몸이 두 개라면 좋겠다는 생각도 해보곤 합니다. 시대에 맞는 영업을 잘하고 있다고 생각합니다. 가만히 있다면 아무 일도 생기지 않을 겁니다. 일을 만들고 노력하며 불가능을 가능으로 만들어갈 때 진정한 행복과 보람을 가지게 될 거라 생각됩니다.

그저 깔끔하게 차려입고 가만히 앉아 한가로이 고객을 기다리는 금은방 주인은 아닙니다. 비록 쉰을 넘긴 나이이지만, 젊은 20~30대와 카카오톡 상담을 할 수 있습니다. 투명하고 합리적으로 언제나 고객과 함께하면서 고객 만족과 고객 감동을 선물 받습니다. 고객이 있어 언제나 행복합니다.

부자들만이 찾는 곳이 절대 아닙니다. 친구와 가족이 찾는 곳입니다. 즐거움과 행복을 찾을 수 있는 곳입니다. 화려하지는 않지만, 정이 있는 곳입니다. 고객과의 상담 시에도 제품 가격에 대한 세부적 계산을 공개하고 있습니다. 금값이 얼마이고 공임비가 얼마인지를 세세하게 알려드리며 상담하고 있습니다. 주문하신 제품이 완성되면 중량 정산으로 덜 나오면 빼드리고, 더 나오면 더 받는 합리적인 가격을 드리고 있습니다. 또한, 꼼꼼한 인증샷으로 고객에게 미리보기를 제공해 궁금하신 의심을 안심으로 바꾸어드리기도 합니다. 상담할 때부터 투명하고 합리적으로 해드리고 있습니다. 아마도 거기에 고객들은 매력을 느끼시는 듯합니다.

나는 장사꾼이 아닌, 디자이너다

장사란? 물건을 팔고 사는 걸 말합니다. 품목에 관계 없이 뭐든 돈을 받고 팔 수 있다면 장사입니다. 과자를 팔면 과자 장사, 장난감을 팔면 장난감 장사, 술을 팔면 술 장사, 빵을 팔면 빵 장사, 차를 팔면 차 장사, 집을 팔면 집 장사, 옷을 팔면 옷 장사, 족발을 팔면 족발 장사, 책을 팔면 책 장사라고 부르며 말합니다. 금을 파니 저는 금 장사를 하는 겁니다. 저는 물건을 사기보다는 물건을 파는 쪽을 더 많이 합니다. 물론 금 장사를 직업으로 하고 있으니 말입니다. 그런데 사는 건 더욱 못합니다. 사는 것도 잘 사야 파는 것도 잘 팔 수 있을 텐데 말입니다. '장사는 아무나 하나?'라는 말 아시죠? 물건을 깔아놓고 가게 문을 열었다고 장사는 아닙니다. 말 수완이 없다면 얼른 문을 닫는 게 좋을 듯합니다. 아니면 말을 하지 않는 장사면 괜찮지만, 말 없이 하는 장사가 있을까요?

장사란 입으로 먹고사는 직업이라고 생각합니다. 얼마나 말을 잘하느냐에 따라 매출은 다르게 나타날 수 있습니다. '꾼'은 어떤 일을 전문적으로 잘하는 사람을 말합니다. 물론 쥬얼리 판매 31년 경험을 가지고 있어 판매 전문가라고 말할 수는 있습니다만, 장사꾼은 못 되는 것 같습니다. 사람을 들었다 놨다 하는 말 수완이 없기 때문입니다. 사람을 봐가며 무슨 말로 간을 볼지를 모릅니다. 고객과 상담하면서도 고객의 비유를 맞추는 멘트도 날릴 줄 모릅니다. 상품을 골라 착용하고 있는 고객에게 그 상품이 잘 어울리지 않아도 '예쁘다' '잘 어울린다'는 장사꾼 멘트도 할 줄 모릅니다. 정말 잘 어울렸을 때만 잘 어울린다는 말을 하게 됩니다. 정말 장사를 잘하는 거 맞나요?

아마도 저를 아는 주변의 귀금속매장 사람들은 늘 봐와서 알 수 있을 겁니다. 장사꾼 근처에도 가지 못합니다. 이렇게 말을 하니 마치 말도 잘못하는 사람으로 보일까 걱정스럽긴 합니다만, 그렇지는 않습니다. 말은 잘합니다. 저와 상담하는 고객들이 가끔 하는 말이 "목소리가 좋으세요. 성우 하셨어요"? 라는 합니다. 들을수록 기분 좋은 말이지만. 장사와는 관계는 없는 말이네요. 매장에 찾아주신 고객과의 상담은 제품에 관한 상담만을 위주로 합니다. 고객이 원하는 스타일로 해드리기 위해 정신 바짝 차리고 상담하고 있습니다. 말 수완보다는 디자인에 중점을 두고 고객이 원하는 스타일을 찾아드리고 있습니다.

물건을 사러 가서 말 몇 마디 해보면 판매자가 초보자인지 장사를 오래 한 사람인지 정도는 어느 정도 알 수 있을 겁니다. 여러분이라면 누구한테 가서 상품을 구매하게 될까요?

말만 번지르르 잘하는 사람에게 가서 구매할까요? 입 바른말보다는 진정성이 있어 보이는 곳에 가서 구매할까요? 물론 같은 상품에 같은 가격의 조건에서 말입니다.

판매자의 말 수완에 넘어가 제품을 구매한 경험이 있으신가요? 구입한 물건은 아마도 오래가지 않아 싫증이 나지는 않으셨나요? 저는 한 번 구매한 제품은 오래오래 고객 곁에 남아 있기를 바랍니다.

31년의 판매 경험으로 고객을 척 보면 어떤 스타일이 잘 어울리는지 정도는 조금 알 수는 있습니다. 피부가 하얀 여성 고객에게는 로즈골드가 잘 어울리고, 피부가 살짝 검은 피부는 화이트골드가 잘 어울립니다. 그렇다고 제가 권하는 것을 고객 모두가 좋아하지는 않습니다. 취향이 모두 다르기 때문입니다. 고객의 취향을 존중하는 영업을 해야 고객은 오래오래 찾아올 겁니다. 저를 찾아주시는 고객들은 그냥 오시는 것이 아닙니다. 몇 날 며칠을, 또는 몇 달 몇 년을 지켜보다 큰맘을 먹고 찾아오시는 고객들도 많이 있습니다.

다양해진 상품처럼 고객의 스타일도 예전 같지 않고 다양해졌습니다. 다양해진 고객의 스타일을 찾아준다는 것만으로도 충분한 가치가 있을 수 있다고 생각됩니다. 저는 장사를 잘 못 합니다. 기분 좋은 소리로 고객의 비유를 맞추지도 못합니다. 그저 올바른 정보와 상식을 전달

하고 있을 뿐입니다. 말로만 하지는 않습니다. 말에 책임을 지는 영업으로 신뢰를 쌓고 있습니다. 장사해서 이윤을 남기는 것만 생각하지 않습니다. 고객의 원하는 스타일을 찾아드리는 데 목적을 두고 있습니다. '장사꾼이 하는 말은 전부 거짓말이다'라는 말을 많이 들어보셨을 겁니다. 왜 이런 말이 어떻게 나왔을까요? '원가로 드립니다' '밑지고 드립니다' '잘 나가는 제품입니다' '금방 나왔습니다' '신상입니다' 이런 말들 들어보셨을 겁니다. 이 멘트에서 제가 가장 싫어하는 것이 '원가로 드립니다'와 '밑지고 드립니다'입니다. 저는 장사하면서 이런 멘트를 해본 적이 없습니다. 얼굴에서 거짓말이란 게 금방 표가 날 듯해서입니다.

원가로 주면 뭐가 남아서 먹고 살까요? 훔쳐다 파는 물건도 아닌데 말입니다. 밑지고 드립니다? 이런 말을 정말 믿는 건 아니시겠죠? 장사꾼이 손해를 보면서 물건을 팔까요? 부모와 자식 간에도 공짜는 없는 게 장사라 했습니다. 절대 원가로 주지 않습니다. 밑지고 주지도 않습니다. 이런 말을 하는 곳에서는 구매하지 않는 게 좋을 듯합니다. 뭔가 겉과 속이 다른 곳이라 생각이 듭니다. 잘 나가지 않아도 잘 나간다고 합니다. 금방 나오지 않았어도 금방 나왔다 합니다. 신상이 아니어도 신상이라 말합니다. 저는 31년의 쥬얼리 판매를 해왔지만 이런 멘트는 별로 좋아하지도 않고 쓰지도 않습니다. 성격상 거짓말을 잘 못하는 게 장사에는 흠이 될 수도 있지만, 고쳐지지 않는 성격도 있기 때문입니다. 원가로 준다는데 기분이 좋을 수밖에 없을 겁니다. 그저 코앞만 바라보는 짧은 판매 상술이라 생각됩니다.

장사꾼은 아니지만, 고객의 디자인을 찾아드리는 데는 최선을 다하고 있습니다. 고객과 함께 소통하며 올바른 정보와 상식만을 드리고자 애쓰고 있습니다.

고객의 불만은 좋은 약이다

장사를 하다 보면 언제나 좋은 일만 생기는 건 아닙니다. 아무리 정확하게 일처리를 한다 해도 실수가 있게 마련입니다. 일이란 게 항상 생각하지 못했던 곳에서 생기기 때문입니다.

예를 들어, 고객에게 주문을 받은 기성품 반지를 주문 넣을 때는 직접 공장으로 가지 않고 총판으로 가서 주문을 넣게 됩니다. 그럼 총판은 다시 공장으로 주문을 넣게 되는 상황이 생기게 됩니다. 그럼 저와 총판, 그리고 공장이 연결고리가 되어 고객의 반지를 만들게 됩니다. 제가 총판으로, 총판이 공장으로 주문이 들어가는 사이에 어느 한 곳의 실수가 생긴다면 그것은 바로 고객에게 약속 불이행이라는 오점과 불편을 주게 되는 상황으로까지 가게 됩니다. 참으로 애가 타는 순간을 맞이하게 됩니다.

고객의 인내심은 한계가 있습니다. 한국 사람들의 급한 성격 때문에 더욱 힘이 빠지는 상황이 생기기도 합니다. 고객은 항상 갑이라는 의식이 아직도 우리 사회에 깊숙이 존재하고 있기 때문에 실수는 저를 힘들게 하기도 합니다. 저와 총판에서는 제대로 주문이 들어갔어도 공장에서 실수한다면 어쩔 도리가 없게 됩니다. 고객과의 약속을 깨는 상황이 생기게 됩니다. 참으로 안타까운 일이 아닐 수 없습니다. 유명하다고 해서 찾아갔는데 약속 불이행이나 하고 있다면 고객에게 할 말이 없게 됩니다. 저는 성격이 고지식하고 철저한 마인드를 가지고 있어 실수를 용납하지 않으려 하고 있지만, 본의 아니게 실수가 생기는 건 어쩔 도리가 없습니다. 모든 걸 저 혼자 한다고 해도 실수는 일어날 수 있을 겁니다.

그렇지만 항상 실수하지 않기 위해 주문 후 확인 절차를 여러 번 거치고 있습니다. 실수를 줄이는 최선의 방법이라고 생각합니다. 그래도 펑크는 납니다. 몇 달 전 지인의 소개로 결혼 예물을 하고 간 고객의 커플 반지가 늦는 바람에 평생 한 번 있는 웨딩 촬영을 망치게 된 사건도 있었습니다. 고객이 화가 난 건 꼭 펑크 난 커플링 때문만은 아니었습니다. 고객의 마음을 편안하게 해드리려고 하다가 그만 말실수를 하게 된 저 때문이었습니다. 웨딩 촬영 때 커플 반지를 끼고 촬영할 고객의 마음도 모르고 사진에 커플 반지가 잘 나오지도 않으니 그냥 끼지 않아도 괜찮다는 말씀을 드리게 되었던 겁니다. 고객의 입장을 무시한 변명 같지 않은 변명에 고객은 화가 엄청나셨습니다. 입장을 바꿔 생각하면 충분히 이해가 가기도 합니다. 참으로 속이 시커멓게 타들어가는 듯했습니다. 아무 생각 없이 드린 말이 고객에게는 엄청난 충격을 드리게 되었던 겁니다. 그래서 깊은 생각을 하게 되었습니다. 항상 고객의 입장을 먼저 생각하고 말 한마디 조심해야 하겠다는 다짐을 하게 되었습니다. 고객의 불만은 저에게 좋은 약이 되었습니다.

일이란 항상 생각지도 않은 곳에서 일어나고 있습니다. 물론 수습하는 과정도 중요하지만, 무엇보다 진실된 모습과 말이 더욱 중요하다고 생각합니다. 저는 하루에도 여러 명의 고객을 상대하지만, 고객은 저를 처음으로 상대하는 사람이라는 사실을 생각해야 합니다. 한 분 한 분을 처음 뵙는 고객으로 생각하고 최선을 다해 상담해드려야겠다는 다짐을 합니다. 한 마디라도 소홀함이 없어야 겠습니다.

고객의 불만을 잘 이해하고 무엇 때문이라는 걸 파악하고 염두에 두었다가 같은 상황이 생겼을 때는 좋은 약이 될 수 있을 것이라 생각합니다. 지인의 소개로 찾아주신 고객에게 그저 죄송하다는 말씀밖에 드리지 못해 안타까웠습니다.

제 블로그를 보고 찾아준 고객이 있었습니다. 멀리서 찾아주었는데, 두 아이의 이니셜 목걸이를 주문했습니다. 예쁘게 제작해서 택배 배송으로 해드렸습니다. 완성 후 꼼꼼한 인증샷을 보낸 후, 주문 내용과 다른 게 없는지 확인하는 중에 체인이 잘못되었다는 연락을 받았습니다. 주문 내용을 확인해보니 5푼 각줄을 선택했는데 그만 5푼 모줄이 달려 나온 겁니다. 체인이 비슷한 5푼 각줄과 모줄이 가장 많이 나가고는 있습니다. 미처 확인을 못 한 부분을 고객이 콕 찝어주신 것입니다. 이틀 후 체인을 교체하고 고객에게 다시 배송해드리게 되었습니다. 깔끔하게 나와서 별문제 없이 기분 좋게 배송하게 되었습니다만, 받은 그날 바로 고객에게 연락이 왔습니다. 팬던트와 체인이 연결되는 고리가 연결 땜 표시가 난다는 것이었습니다. 연결고리는 당연히 땜 자국이 나게 되었다는 상황을 설명드리게 되었습니다. 고리가 끊어진 부분으로 체인을 넣고 땜을 해야 하기 때문에 어쩔 수 없다는 말씀을 드리고 더욱 깔끔하게는 해드릴 수 있으니 다시 보내달라고 했습니다. 하지만, 아무리 생각을 해봐도 연결고리 땜 자국은 없애기 쉽지 않았습니다. 연결고리를 어떻게 자국 없이 가능하냐고 되묻고 싶었습니다. 두 개 중 하나는 깔끔한데 왜 똑같이 안 되느냐는 고객의 말씀을 듣고 조금 이상한 생각이 들어 보내드린 디자인 샘플을 확인했습니다. 그런데 고객이 보내주신 이니셜 목걸이와 작은 아이의 캐릭터가 붙은 이니셜 목걸이 공장은 다른 공장이었습니다. 동생의 목걸이는 연결고리가 몸체에 붙어 있는 구조를 가지고 있었습니다. 그래서 흔적 없이 깔끔했었습니다. 공장이 달라 만드는 스타일도 달랐던 거였습니다. 체인이 잘못 달려 나와 고객은 이때부터 신경이 쓰이게 되었던 것 같습니다. 체인만 주문한 대로 나왔다면 별문제 없이 찾아갔을텐데, 여러 번 의심하시며 계속 질문을 하시게 만들어 죄송한 마음입니다.

고객의 불만은 언제나 좋은 약이 될 수가 있습니다. 두 디자인의 특이성은 띠 캐릭터가 붙어 있는 거와 하트 옵션이 들어간 하트 이니셜 목걸이입니다. 캐릭터가 붙은 이니셜 목걸이는 연결고리가 자연스럽게 붙어 있었습니다. 고객이 말하지 않았다면 전혀 눈치채지 못하고 그저 까다로운 고객으로만 생각하고 있었을 겁니다. 그래도 고객의 불만을 찾아내게 되어 정말 감사드립니다. 고객의 불만은 저에게 좋은 약이 되었습니다. 고객이 화가난 건 분명한 이유가 있을 겁니다.

발 없는 말이 미국 간다

세상은 참 편리해졌습니다. 인터넷으로 세계 어디든 갈 수가 있으니 말입니다. 물론 저는 겨우 블로그만 운영할 줄 압니다. 다른 건 할 줄 몰라서 못 합니다. 그저 인터넷으로 멀리 해외에서 찾아주는 고객들이 참으로 대단하다고 생각됩니다. 네이버 사이트를 검색하거나 지인을 통해 입소문이 닿거나 해서 찾아준 해외 교포분들입니다. 그만큼 어찌 보면 세상이 좁아졌다고도 할 수 있습니다.

저에게는 해외 여러 곳에서 찾아주는 해외파 고객들이 많이 있습니다.

아르헨티나, 멕시코, 브라질, 미국, 호주, 필리핀, 일본, 말레이시아, 중국 등 이렇게 나열해보니 꽤 많은 나라에서 찾아주셨군요. 글로벌한 종로3가에 작은 쥬얼리샵입니다. 물론 대부분 해외 이주 교포분들입니다. 직접 매장으로 찾아온 고객도 계셨습니다. 아르헨티나, 미국(시애틀), 호주, 일본, 중국에 계시는 고객들입니다.

이 중에서 가장 먼 곳 아르헨티나 고객과 가장 오래 인연을 맺고 있는 듯합니다. 지난 한여름 무더위가 기승을 부릴 때도 매장으로 찾아오셔서 남편분의 체인 팔찌와 자신의 스틱 팔찌를 맞춤으로 주문하고 찾아서 아르헨티나로 돌아가셨습니다. 처음 저와 인연을 맺은 건 2013년 10월경입니다. 출근길 카카오톡으로 상담을 주셨던 내용이 제 블로그에 소개되어 있습니다. 14k 이니셜 목걸이와 14k 십자가 목걸이로 처음 저와 카카오톡으로 인연을 맺게 되어 기회가 있을 때면 지금도 찾아주시는 의리파 고객입니다. 처음에는 언니분이 중국 출장 후 한국에 들를 때 찾으러 오셔서 전해드렸습니다. 아마도 처음 해외 주문을 받았던 아르헨티나 고객인 듯합니다. 아르헨티나에서 사업을 하고 계신 듯했습니다.

멕시코에서 날아온 반가운 인증샷으로 포스팅한 사연도 있습니다. 저와 카카오톡으로 상담하고 주문하신 14k 뱅글 팔찌를 경기도 친정집으로 배송 후 친정엄마가 가지고 있다가 3개월 후 배달이 된 사연입니다. 3개월 만에 멕시코에서 날아온 인증샷은 저에게 큰 감동을 주었습니다. 카카오톡 상담이라 사이즈가 혹시 모르게 틀릴 수도 있지는 않을까 살짝 고민도 했지만 잘 맞아서 보내준 인증샷에 감동하지 않을 수가 없었습니다.

미국에서는 가장 많은 고객들이 찾아주었습니다. 메릴랜드주로 배송한 18k 커플 반지는 여자친구에게 서프라이즈 선물로 준비하셨습니다. 또 다른 고객은 3부 다이아 반지와 목걸이, 귀걸이를 결혼 선물로 주문 후 친정집 서울로 배송했습니다. 로스엔젤레스에서 주문한 18k 이니셜 목걸이와 이니셜 팔찌, 18k 아기 곰돌이 팔찌를 서울 친정집으로 배송도 했습니다. 뉴욕에 계시는 고객은 무려 네 번의 재구매까지 해주셨던 단골 고객입니다. 해외 배송으로 안전하게 배송이 되었습니다. 14k 테니스 팔찌 세 개, 남양 진주 목걸이 등을 카카오톡 상담 후 구매해주시고 해외 배송으로 받았습니다. 받으시고 만족해하시는 카카오톡을 보내주시기도 했었습니다.

2015년 추석 때 정도 되는 것 같습니다. 발 없는 말이 미국을 갔습니다. 어느 분인지는 모르지만 저와 거래 후 아마도 만족하셔서 입소문을 내신 듯합니다. 바다 건너 멀리 미국에서 그것도 우리나라와 거리가 더욱 먼 뉴욕에서까지 찾아주셨습니다. 달라스인지 텍사스인지는 지금 잘 생각은 나지 않지만, 입소문을 듣고 카카오톡으로 상담 후 이니셜 목걸이를 구매해주신 고객도 생각이 납니다.

그리고 중국 베이징에 계시는 고객이 몇 분이 계시는데, 한 분은 해마다 방문해주시는 고객으로 가족이 함께 찾아주셨습니다. 부부 커플용으로 뱅글 팔찌와 평반지를 커플로 구매해서 가지고 가신 중국에서 오시는 고객 가족입니다. 다른 한 분은 카카오톡으로 상담 후, 창원의 친정집으로 배송해드린 적도 있습니다. 여섯 명 가족의 한자 이니셜 목걸이를 만들기도 했었습니다. 가보로 삼아야 하겠다는 뱅글 팔찌에 여섯 명의 가족 이름과 생년월일을 새겨 넣은 고객만의 특별한 뱅글 팔찌를 장만하시기도 했습니다. 부부와 아이들이 네 명이나 되는 여섯 명의 대가족입니다.

상하이에서 세 명의 친구끼리 우정링을 구매 후 받아보시고 인증샷까지 보내주신 고객도 생각이 납니다. 결혼반지도 약속해주셨는데, 기다려볼까요? 그리고 일본 도쿄에서도 찾아주셨습니다. 화이트골드로 스틱 팔찌와 검지 반지를 구매했습니다. 배송을 받아보고 착용샷을 주셨는데 그만 스틱 팔찌가 너무 꽉 끼었습니다. 아마도 사이즈를 잘 못 잰 듯했습니다. 그 후 몇 달 후 한국 방문 때 마디를 늘려갔습니다. 매장을 방문하셨는데 어찌나 반갑던지요. 그저 카카오톡으로만 얼굴도 없이 상담하다 도쿄에서 날아와 주신 고객을 뵈니 너무나 반가웠습니다.

호주 멜버른에서도 몇 분이 계십니다. 2015년 7월 카카오톡으로 문의가 왔습니다. 스틱형 롤렉스 반지에 천주교 주기도문을 넣을 수 있느냐는 문의였습니다. 물론 가능했습니다. 카카오톡 상담 후 원하는 대로 준비해서 멜버른으로 배송해드렸습니다. 시드니에 계시는 남성 고객은 테니스팔찌를 구매해주셨는데, 세 줄로 된 넓이가 있는 디자인으로 블랙 큐빅을 넣어 주문해주셨습니다. 서울에 있는 친구에게 퀵 서비스로 배송해드렸습니다. 그런데 받아보시고 블랙 큐빅 표면에 뭔가 묻어 있다는 카카오톡이 왔었습니다. 언제든 보내주시거나 방문해주시면 해결해드린다는 약속을 해드렸습니다.

Jewelry Shop

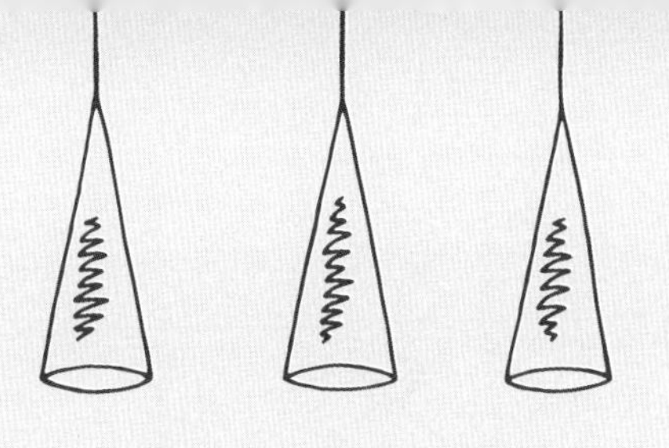

PART 04

작은 가게 매출 올리는 매뉴얼

고객 후기 마케팅의 효과

후기는 내가 어디선가 구매한 상품이 마음에 들고 구매 과정에서 친절한 서비스를 받았다면 좋은 기억으로 남게 됩니다. 내가 만족한 상품을 누군가에게 자랑도 하고 픈 마음이 생기기도 할 겁니다.

제 매장을 다녀간 모든 고객들이 만족하고 감동하는 건 아닐 겁니다. 개개인에 따라 갖는 감정이 모두 다르기 때문입니다. 말씀은 없으셨지만, 구매하셨던 상품에 불만족스러웠던 마음을 가지고 돌아섰을 고객도 분명히 계셨을 거라 봅니다. 사실 말 없는 고객이 만족해서 후기를 보내주시는 고객보다 더욱 신경을 써야 할 대상이라는 것은 틀림이 없을 것입니다. 나타나는 게 없어 제 소홀함도 그냥 묻혀 무의식중에 또 다른 고객에게 불쾌함을 줄지도 모르는 일입니다. 언제나 불만족이 있다는 것을 염두에 두고 최선을 다해 살펴야 한다는 것을 새삼 느끼고

이 글을 써내려갑니다.

온라인 구매는 후기를 보고 구매한다고 해도 틀린 말이 아닐 겁니다. 그만큼 고객의 후기는 다른 고객의 구매를 하는 데 있어 매우 중요하다고 봅니다. 일부 사이트에서는 후기도 만들어 올리기도 한다는 이야기를 들어보기도 했습니다. 하지만 후기를 만들어 올리는 건 제 스타일은 아닙니다. 구매 후 후기는 고객 만족과 고객 감동에서만 나올 수 있다고 생각합니다. 우리나라 사람은 칭찬에 인색하다고 하는 얘기를 많이 들어왔습니다. 사실 그렇기도 합니다. 남 잘되는 걸 못 봅니다. 사돈이 땅을 사면 배가 아프다 합니다. '내 돈 주고 내가 샀는데 뭔 후기?'라고 생각하는 사람들도 많이 있을 겁니다. 네, 맞는 얘기입니다. '귀찮게 무슨 후기까지?'라고 생각할 수도 있습니다. 후기는 마음이 움직여야 가능하다고 봅니다.

고객들의 후기를 몇 가지 소개하겠습니다.

"결혼반지 맞추면서 인터넷으로 알아보는 도중에 주원쥬얼리를 접하게 되었어요. 남편이 굳이 주원쥬얼리를 가야 한다며 이유도 모르고 종로 한복판에서 헤맸던 게 엊그제 같네요. 후기 같은 거 귀찮아서 안 적는 편인데 사장님 친절함과 정직함과 한결같은 모습으로 안 적을 수가 없더라고요. 결혼반지에 저의 불찰로 하자가 생겨 착불로 보내달라고 하시는 사장님, 이번 주 내로 꼭 받아야 한다는 약속도 지켜주셔서 감사합니다. 하자로 인해 서비스 맡긴 게 처음이 아님에도 불구하고 한결같이 친절하게 대해주시고 포장도 말끔히 해주신 세심한 배려까지 절로 웃음 지어집니다. 무더위 조심하시고 다음에 또 방문하겠습니다"(2017.06.18. 카페 후기) 이렇게 멋진 후기에 저도 감동받았습니다. 정말 마음에서 우러나오는 후기입니다. 그저 최선을 다한 게 고객에게 큰 즐거움을 드린 듯합니다. 지금 이 글을 쓰면서 다시 한번 가슴 뿌듯한 느낌을 받을 수 있었습니다.

"남편이 평상시에 팔찌를 갖고 싶다고 해서 생일 선물로 할로우 팔각팔찌 7mm를 주원쥬얼리에서 구매했어요. 이곳을 알게 된 건 인터넷 검색 중에 블로그를 우연히 보게 되어 직접 찾아가서 구매했고요. 구매 후기를 보니 만족도도 상당히 높았고, 사장님도 엄청 친절하십니다. 전 한번 인연을 맺으면 쭈욱 가는 편이라서 계속 찾게 될 것 같아요. 남편이 너무 맘에 들어 합니다. 이쁘게 잘해주셔서 감사드려요. 많이 번창하세요^^"(2017,06.18 카페 후기)

언제나 고객의 후기는 사장을 춤추게 합니다.

대부분 고객의 후기에는 사진이 여러 장 함께합니다. 아마도 제 인증샷을 보시고 따라 하시는 것 같았습니다. 모든 고객의 주문은 완성 후 여러 장의 꼼꼼한 인증샷을 드리고 있기 때문일 듯합니다.

"가족반지 인터넷 검색 중 주원쥬얼리에서 구매 후기 올려놓은 거 읽고 이 카페를 알게 되었어요. 반지도 너무 이쁘고 사장님도 친절히 제품 설명 잘해주시고 칭찬 많은 후기를 보고 카페 가입하고 겸사겸사 주원쥬얼리 매장을 방문했죠. 카페 후기 그대로 사장님은 아주 친절하셨어요. 이것저것 설명도 아주 자세히 해주시고 카페 통해 왔다고 하니 특별 할인까지 해주시고 반지 주문하고 5일 정도 기다려 택배로 받자마자 손가락에 끼어봤는데, 그동안 손가락이 부었나? 잘 안 들어가네요. 몇 달 끼다 보면 손가락 살도 빠지는지라 그냥 끼려고요. 나이 든 것도 서글픈데, 손가락 마저도 나이든 게 표나네요. 사진 다시 찍자고 아들놈 불렀건만 죽어도 지방에서 안오네요. 한 번 찍으면 됐다고. 까칠한 놈! 아들놈 빠진 사진입니다. 그나마 사진이 좀 나아 보이죠?"

가족반지를 평반지에 네 가족의 이니셜을 빙돌아 넣어 제작을 의뢰해주신 고객의 재미나는 후기 잘 보았습니다. 느낀 그대로 적어주신 듯합니다. 고객의 리얼 후기에 오늘도 보람을 느끼고 달리고 있습니다. 장사를 하면서 고객의 후기는 큰 보람을 가질 수 있게 됩니다. 마음에서 나오는 리얼 후기야 말로 값진 재산이라고 할 수 있습니다. 감동이 없으면 후기도 없습니다.

"중국에 갔다가 마음에 드는 걸 발견해서 찍어왔답니다. 사이즈도 딱이어서 바로 사려 했었는데 카드를 두고 갔어요. 현금이 부족해서 못 샀어요. 알아보니 足金이라고 990 제품이라고 하네요 저는 순금인줄 알았거든요. 주원쥬얼리는 몇 년 전부터 블로그 이웃으로 새 글 올라오면 항상 보고 있었어요, 믿음이 가는 곳이라 한국 와서 바로 연락드렸어요. 카카오톡으로 이것저것 많이 여쭤보았는데 친절하게 다 답해주셨어요. 가끔 순금 예물하신분들 인터넷 후기보면 순금 제품하면 매장에서 별로 안좋아하신다는 말을 들어 왔던지라 걱정했는데 넘 친절하셨어요! 추석 전에 방문했는데, 사장님이 오랜 경험에서 나온 꼼꼼함으로 측정해주셨답니다."

이렇게 착용 사진과 함께 감동의 리얼 후기를 올려주셨어요. 고객의 후기는 마음에서 나온다고 볼 수 있습니다. 만족과 감동이 없으면 후기는 절대 올라오지 않습니다. 고객의 후기는 저에게 큰 보람과 기쁨을 줍니다. 최선을 다한 보답으로 후기는 올라옵니다.

친절과 긍정의 단골 확보 노하우

고객의 만족과 감동은 생각보다 작은 곳에서 온다고 생각합니다. 고객은 소소한 것에 감동할 수 있습니다. 소소한 것에 컴플레인이 걸릴 수도 있습니다. 고객이 바라는 건 약속입니다. 주문한 대로 약속 날짜만 잘 지켜주면 만족과 감동이 있을 수 있습니다. 고객을 화나게 하는 건 약속을 지키지 않았기 때문입니다.

일하다 보면 제 의지와는 달리 다른 곳에서 펑크가 나는 경우도 가끔 있습니다. 공장에서 작업하는 과정에서 문제가 생겨 출고일이 늦어질 때 등 불가항력적인 상황이 일어날 수도 있습니다. 또는 택배 배송을 했는데 고객에게 직접 배달을 하지 않고 문 앞에 그냥 두고 갔을 때 역시 택배까지 관여할 수 있는 문제가 아니기에 그저 발만 동동 구르는 경우도 가끔 경험하고 있습니다. 택배 배송 시 분실되면 오히려 그건 큰 문제는 없습니다. 바로 사고 처리하고 보험 처리를 하면 됩니다. 고객에게는 상황 설명해드리고 다시 제작해서 배송하면 됩니다. 그런데 아무 말 없이 문 앞에 두고 가면 문제는 달라집니다. 귀금속이라 더욱 신경을 쓰고 있을 고객 입장에서는 심각한 문제가 될 수도 있습니다. 놀란 상황은 바로 저에게 옵니다. 참으로 드릴 말씀이 없게 됩니다. 그러나 아직 큰 문제는 없었습니다. 보험 배송으로 안전하게 배송되고 있습니다.

지난 카페에 올라온 고객 만족과 고객 감동의 후기를 소개해드리겠습니다. '우정링+생일반지(2014.06.16)'라는 제목으로 카페에 올라온 후기입니다.

"우정링을 맞추기 위해 저의 이웃님을 찾아갔습니다. 평소 인터넷에서 최고의 인기를 얻고 계시는 이종원 사장님! 제 친구도 여기서 커플링 하라고 아마 친절하게 잘 해주실 거라고 제가 추천해줬었거든요. 역시나 너무나도 친절하게 상담해주시고 어떻게 하면 이쁠까 같이 고민해주시고…. 사장님 최고! 상담받는 내내 웃다가 나왔어요. 다 주문하고 나오는데 문 앞까지 마중 나와주시고 인사해주시고. 친절함에 하트 뿅뿅! 나의 멘토 정신적 지주에게 선물한 우정링 너무 좋아하더라고요. 18k로 딱!

그리고 엄마, 아빠가 반오십 생일은 특별하게 해주고 싶다고 반지를 맞추라네?! 그러고 바로 사장님께 톡으로 상담 시작! 귀찮으실 만도 한

데 항시 친절한 상담을 해주시는 우리 멋쟁이 사장님. 한문으로 부모님께서 지어주신 이름을 새기고, 뒤에는 나만의 주문! 우리 멋쟁이 사장님 덕분에 아주 마음에 쏘옥 드는 반지 두 개가 생겼어요. 감사합니다 사장님! 앞으로도 추천 많이 할게요."

카페에 오래전 블로그 이웃이었던 고객의 감동의 후기를 소개해드렸습니다. 그저 고객의 입장에서 생각하고 함께 고민해드리고 진정성 있는 상담으로 고객의 마음을 얻은 듯합니다. 이 글을 써내려가며 그때의 고객 얼굴을 떠올려봅니다. 저에게는 감동의 후기가 참 많이 있습니다. 욕심 없는 영업으로 투명하고 합리적인 가격과 고객의 입장을 생각하는 영업 마인드가 있기 때문일 겁니다.

2014년 1월 22일에 카페에 올라온 후기입니다.

"사장님, 안녕하세요. 이제야 후기를 남기네요. 기념일을 6일 남겨놓은 상황에 무슨 선물을 해줄지 고민하다가 여자친구가 전에 사줬던 목걸이를 잃어버려서 엄청 미안해했던 것이 생각났습니다. 저 또한 여자친구의 휑한 목을 보니 목걸이를 사줘야겠다 결정했습니다. 그래서 제가 사는 동네(조그마한 소도시)의 금은방 네다섯 군데를 돌아다녔는데 이니셜목걸이를 하려면 최소한 일주일 이상이 걸린다는 거예요. 암울했죠. 그래서 인터넷을 돌아보다가 찾은 곳이 이종원 사장님의 '주원쥬얼리'였습니다. 사장님께 상담 받아보고 간당간당히 도착할 수 있을거라는 씀에 계약금을 드리고 기다렸죠. 상담 받은 날짜는 1월 15일, 화요일 오전 기념일은 1월 19일. 토요일 출고 날짜가 아직인가 싶어 초조한 마음에 사장님께 연락을 계속 드렸더니, 사장님 특유의 친절함으로 저를 안심시켜주셨고 하루 지나고, 연락이 왔습니다. 저는 재빨리 잔금을 보내드리고 사장님께 운송장 번호 받고 기다렸더니 다음 날 배송으로 왔습니다.지푸라기라도 잡는 심정의 저에게 한줄기 빛이 되어주셨습니다. 사장님 덕분에 무사히 기념일 잘 치렀습니다. 주는 저도, 받는 여자친구도, 잊지 못할 선물이 아니었나 싶었습니다. 사장님 감사합니다.
※ 저는 인터넷의 개인 대 개인을 잘 믿지 못하는 1인이지만 주원쥬얼리는 안심하시고 애용해주셔도 괜찮습니다!”

참으로 멋진 후기입니다. 제가 모험을 했던 것 같았습니다. 혹시 모를 제 생각을 벗어난 사건이라도 생기지 않은 게 천만다행이었습니다. 공장이나 택배의 사정으로 배달이 제시간에 가지 못했었다면? 어떻게 되었는지는 불 보듯 뻔한 일이 생겼을 겁니다. 그렇다고 고객의 입장을 들어주지 않을 수는 없었습니다. 고객이 동네 금은방에서 알아보신 기간이 일주일이었습니다. 여자친구의 기념일은 4일이 남아 있었습니다. 공장에 확인하니 시간은 가능했습니다. 그 뒤를 생각할 겨를도 없이 빠르게 고객에게 연락을 드렸습니다. 가능했기에 뒤도 돌아보지 않고 고객과 약속을 했습니다. 안될 수도 있다는 생각은 전혀 하지도 않았습니다. 딱 맞게 보내드릴 생각만 하고 있었습니다. 지금 생각해봐도 아찔한 순간이었던 것 같았습니다. 바로 제 긍정적인 마인드를 가지고 있어서일까요? 쉽지 않은 판단이었다고 생각합니다. 일이란, 때로는 생각대로 되지 않기도 합니다. 그럼에도 불구하고 혹시 모를 사고는 전혀 생각하지를 않았습니다. 만약에 고객의 동네 금은방에서 말한 대로 일주일 정도 걸린다 했다면 고객은 참으로 난감하셨을 겁니다. 다행히 여자친구와의 기념일을 잘 치르게 되셨다는 후기를 받고 큰 보람을 느낄 수 있었습니다. 고객 만족과 감동은 그냥 얻어지는 게 아닙니다 제 노력과 끈기와 고객을 생각하는 마음이 밑바탕되어야 가능하다고 봅니다. 하느님보다 더 위에 계시는 것이 고객입니다. 고객이 있기에 저도 있습니다. 고객이 원하시는 건 최선으로 도와드릴 수 있습니다. 2014년 카페에 올라온 두 개의 소식을 전해드렸습니다.

의심을 안심으로 바꾸는 영업 철학

언제나 고객과 상담할 때 "저를 믿으세요"라고 말하지 않습니다. '믿으세요'라는 말에 누가 믿어줄 수 있을까요? 저는 몸으로 믿음을 드리고 있습니다. 지켜보시면 알 수 있습니다. 세상이 좋아질수록 사기 사고도 자주 일어나고 있습니다. 웬만한 믿음이 아니라면 쉽게 접근할 수도 없을 겁니다.

종로3가 귀금속상가에 구경 나와보신 적 있으세요? 또는 뭐라도 구매하러 구경 나오신 경험이 있으신가요? 어떠셨나요? 점포를 선택하시기 어려우셨나요? 워낙 많은 점포들이 몰려 있는 곳이라, 어디를 가야 속지 않고 잘 살 수 있을지, 또는 어디는 가면 안 되는지를 잘 모릅니다. 구경하기 부담스러울 정도로 고객 가까이에서 적극적인 응대를 하는 곳도 많습니다. 물론 어디를 가도 정신만 바짝 차리면 아무 일 없이 원하시는 것을 구할 수 있습니다.

제 작은 쥬얼리샵은 전국으로 택배 배송을 해드리고 있습니다. 귀금속도 택배가 되는지 궁금하실 겁니다. 300만 원까지 보험 배송으로 안전하게 갑니다. 블로그를 보시고 구매를 신청하는 고객들이 많이 있습니다. 거리가 가까우신 고객은 방문해서 상품도 살펴보실 수 있습니다만 거리가 먼 곳에 계신 분들은 종로3가까지 찾아올 시간적 여유가 없으실 겁니다. 그래도 믿으시고 주문해주십니다.

그런데 날짜도 되지 않아 카카오톡을 주십니다. '언제 나오나요? 어떻게 돼가고 있나요? 연락이 없어 기다리다 연락드립니다'라는 의심을 가진 듯한 카카오톡을 주십니다. 물론 이해는 갑니다. 저도 고객의 입장이라면 똑같은 상황이었을 겁니다. '이거 사기는 아닐까?'라는 의심을 가질 수도 있다고 봅니다. 일주일 또는 그 이상의 시간을 기다리기 매우 어려우실 수 있습니다. 사실 이런 의심 때문에 제 일이 더욱 바빠지게 됩니다. 바쁜 시간에 일일이 답을 드려야 해서요. 일하면서 사기는 제가 고객한테 당하면 당했지, 고객이 저에게 당한 적은 한 번도 없었습니다.

제가 고객에게 당한 예입니다. 주문 시 선금을 주시고 완성 후 잔금을 주셔야 배송하는 게 원칙입니다만, 고객이 사정이 있으시다며 집안에 상을 당해 병원에 가는데 병원으로 보내주면 도착해서 입금해주신다는 말씀을 믿고 보내드렸습니다. 그러나 받으시고는 차일피일 미루고 미루다 연락 두절이 된 상태입니다. 참으로 어처구니없는 일이 아닐 수 없었습니다. 또 어느 고객도 사정해서 먼저 배송을 해드렸는데 차일피일 미루다 결국 잔금에서 5만 원을 떼인 일도 있었습니다. 생각은 잘 나지는 않지만, 또 다른 일도 몇 건 있었습니다. 제 바보 같은 행동을 말씀드리는 것 같아 부끄럽기만 합니다. 그런 일을 몇 번 겪다 보니 이제는 잔금 없이는 절대 먼저 배송하지는 않습니다.

고객의 주문한 상품이 완성되면 검품하고 중량 정산을 하고 배송하기 전에 인증샷을 찍습니다. 꼼꼼한 인증샷을 찍어 고객에게 보내드립니다. 궁금해하시며 기다리고 계시는 고객에게 큰 반가움이 아닐 수 없을 겁니다. 의심이 안심으로 바뀌는 순간을 경험하게 되는 상황일 겁니다. 기다린다는 것이 사실은 쉽지 않은 일입니다. 그 기다림에 위로를 줄 수 있는 것이 바로 미리보기 인증샷입니다.

주원쥬얼리 카페에 올라온 후기입니다.

부부가 함께 18k 이니셜 목걸이를 커플로 주문하셨습니다. 완성 후 인증샷을 보내고 배송해드렸는데, 배송한 날 밤에 인증샷을 자세히 살펴보신 고객이 늦은 밤 카카오톡을 보냈습니다. 이니셜 withJESus에서 i자에 점이 없다는 것이었습니다. 급히 살펴보니 정말 i자에 점이 없었습니다. 순간 당황하지 않을 수 없었습니다. 급히 인증샷을 찍느라 저도 미처 점이 없다는 사실을 모르고 배송하게 된 겁니다. 일단 받는 대로 반송 처리해달라는 말씀을 드리고 나서 점을 표시가 나지 않게 붙일 수 있는지를 확인하고 연락을 드리기로 했습니다. 고객도 점을 붙이는 건지 새로 제작을 하는지 궁금해하셨습니다. 다음 날 공장에 확인하니 표시 나지 않게 붙일 수 있다는 얘기를 듣고 그대로 전해드렸습니다. 그런데 고객은 붙이는 것보다는 새로 제작해주길 원하셨습니다. 그래서 고객 말씀대로 새로 제작해드리기로 약속했습니다. 새로 제작했다는 것을 어떻게 확인시켜드릴지를 고민하게 되었습니다. 체인은 그대로 재사용하면 되었고, 이니셜 펜던트만 새로 제작하면 되는 상황이었습니다. 반송된 이니셜목걸이는 매장으로 도착했습니다. 새로 재제작을 한 이니셜 목걸이와 체인이 없는 i자에 점이 없는 이니셜 펜던트를 같이 놓고 인증샷을 찍어 보내드렸습니다.

표시 나지 않게 붙인 상태를 보셨더라도 알아내지는 못했을 겁니다. 그럼 마음속에 한 점의 의심은 계속 남아 있었을 겁니다. 이것이 정말 새로 제작한 건지, 아니면 점만 표시 나지 않게 붙인 건지 그저 고객의 판단과 제 말만 믿을 수밖에 없는 상황이었을 겁니다. 하지만 새로 만든 것과 먼저 것을 함께 놓고 인증샷을 보셨으니 의심이 안심으로 바뀌었을 겁니다. 이 인증샷을 보신 고객도 매우 만족하고 감동해서 카페에 후기까지 올려주셨습니다. 참으로 큰 보람을 느낀 순간이었습니다.

제 진심은 고객에게 감동과 신뢰를 드리게 되었습니다. 실수가 오히려 좋은 결과를 가져다주었습니다. 얼굴 없는 고객과의 카카오톡 상담이었지만, 왠지 가까워진 느낌마저 들었습니다. 고객과의 진심이 담긴 소통을 했다고 봅니다. 종로3가에 작은 쥬얼리샵의 자부심도 느낄 수 있었습니다. 믿고 기다려주신 고객에게도 감사의 인사를 드립니다.

기념일에 어울리는 작은 선물 준비하기

누군가와의 만남과 추억은 소중합니다. 사랑하는 사람과의 만남은 더욱 특별한 만남이라 할 수 있습니다. 소중한 사람과의 만남을 기억하고 기념한다는 것이 나이를 막론하고 누구에게나 소중한 추억으로 남아 있기를 바라고 있습니다.

저에게는 100일 기념일부터 30주년 기념일까지 다양한 기념일을 기념한 고객들의 사연이 많이 있습니다. 모든 분의 내용을 전부 소개해드리지 못해 조금 아쉽습니다. 요즘 젊은 세대의 100일 기념은 뭔가 남다른 의미를 두는 것 같습니다. 아마도 누군가와 인연이 되어 처음으로 기념일을 챙기는 것이 100일인 것 같습니다. 아기가 세상에 태어나 처음 맞는 기념일도 100일입니다. 그래서 더욱 의미가 있다고 봅니다. 200일, 300일, 500일, 1000일 꼭 정해진 기념일은 없습니다. 서로에게 추억이 될 만한 날을 정할 뿐입니다. 결혼 후 기념일도 해마다 돌아옵니다. 1주년, 5주년, 10주년, 20주년, 30주년 부부의 기념일도 꼭 챙겨야 하는 소중한 날입니다. 살아가면서 사랑을 확인하고 더욱 깊은 사랑을 나눌 수 있는 것이 기념일 챙기기입니다. 물론 형편에 맞고 서로에게 소중한 것이라면 무엇이든 좋다고 생각하지만, 제가 쥬얼리샵을 운영하니 당연히 쥬얼리 이야기를 하지 않을 수가 없습니다.

소중한 기념일에 의미를 더하는 것이 바로 커플 반지와 커플 목걸이입니다. 사랑하는 사람과 남기는 징표라 변하지 않는 금을 선택하는 듯합니다. 군 제대 후 여자친구와의 100일 기념을 위해 커플 반지를 준비해놓고 제대 날짜에 맞춰 찾아간 멋진 남성분도 있었고, 코인에 이니셜과 날짜를 넣어 만든 커플 목걸이로 100일 기념을 준비하신 커플도 계셨습니다. 뭔가 큰 의미를 부여하고 싶으신 듯했습니다. 여자친구와 함께 공감할 수 있을 것 같아 좋은 아이템인 듯합니다. 커플끼리 커플티를 입고 커플끼리 커플 신발을 신고 커플 시계를 차고 커플 폰을 하고 커플끼리 커플 반지와 커플 목걸이를 합니다. 뭔가를 함께 공감할 수 있다는 것에 의미를 두고 있는 듯합니다. 저는 아직 집사람과 커플로 뭔가를 해본 적이 한 번도 없는 듯합니다. 앞으로 한번 생각해봐야겠습니다. 결혼 25주년이 아무것도 없이 지났으니 26주년 기념일에는 뭔가 커플이 될 만한 것을 찾아봐야겠습니다. 커플 반지도 좋을 듯합니다. 예전에 형편이 어려워 결혼반지를 팔아 썼으니 말입니다. 참으로 가슴 아픈 순간이었습니다.

결혼 10주년 기념으로 평반지에 옴마니반메훔을 각인한 불교 반지를 부부가 함께한 뜻깊은 일도 있었습니다. 결혼 4주년 기념으로 순금 커플 반지로 남자 3돈, 여자 2돈으로 준비해서 착용샷 후기까지 보내주신 고객의 순금 커플 반지도 빛이 났었습니다. 청주에서 종로3가까지 달려와주신 고객은 결혼 10주년을 기념하기 위한 것으로 남편분의 13mm 재규어 팔찌와 부부의 14k 평반지에 이름 각인을 넣어 주문하시고 청주로 돌아가셨습니다. 완성 후 택배로 배송해드렸습니다. 주문하실 때는 방문해주셨지만, 찾으러 또 올라오시기 어려워서 보험 배송을 하는 안전한 배송으로 보내드렸습니다.

호주에 살고 계시는 고객이 잠시 한국 방문 때 결혼 1주년 기념을 위해 영어 이니셜 목걸이를 커플로 준비해서 호주 멜버른으로 돌아가신 적도 있었습니다. 호주에는 없는 디자인인 듯했습니다. 영어 이니셜 목걸이는 외국에서도 깊은 사랑을 받고 있습니다. 호주에서 저와 카카오톡으로 상담해서 미리 준비해놓으시고 잠시 한국 방문 기간에 들려서 찾아가셨습니다. 카카오톡으로 상담한 고객을 직접 뵈니 무척 반가웠습니다. 이름에 이니셜 두 글자씩 해서 이름과 이름 사이에 하트를 넣어 의미 있는 커플 목걸이가 완성되었습니다. 커플로 이니셜 목걸이로도 참 많이 합니다. 보통은 영어와 한문으로 하지만, 한글은 아기용으로 주로 쓰이고 있습니다. 1주년 기념으로 한국에서 해온 영어 이니셜 목걸이가 부인에게는 감동의 선물이 되셨을 겁니다.

900일 기념으로 늑대와 여우 커플링을 맞추시고 예쁜 착용샷 후기까지 올려준 커플도 있었습니다. 카카오톡 상담으로 이것저것 디자인을 보시고 선택해주신 겁니다. 받아보고 만족해서 남자친구가 페이스북에 올렸더니 난리가 났었다는 얘기도 해주셨습니다. 맨날 닦아야 한다는 남자친구의 애교 있는 카카오톡 대화 내용도 캡쳐해서 보내주셨습니다. 얼마나 좋아하는지 알 수 있을 것 같았습니다. 두 분의 900일 기념일이 SNS를 통해 세상에 알려진 듯합니다. 멋진 추억을 만드셨습니다. 제 블로그에 포스팅도 되어 있습니다.

25주년 기념으로 늑대와 여우 커플링을 준비한 커플도 있었습니다. 20~30대만 하는 커플링은 아니라는 걸 보여준 커플입니다. 고정관념 없이 살아가는 마인드가 너무 멋진 부부였습니다. 인터넷 검색으로 찾아주었는데, 힘들 때 서로에게 위로와 힘이 되어주고 비가 오나 눈이 오나 비바람이 몰아치나 부부의 사랑으로 이겨내며 결혼 25주년을 맞이한 부부입니다. 자녀들과 같은 반지를 끼고 있을 법한 상황도 생길 수 있었을 겁니다. 저보다 1년 결혼 선배라서 더욱 관심이 갔습니다. 나이를 잊고 사시는 부부 커플 화이팅입니다. 아마도 늑대와 여우 커플링 고객 중에 최고 연장자로 제 기억에 남아 있습니다.

아산에 계시는 고객은 순금 리본 세트를 구매한 지인의 소개로 결혼 30주년 기념 선물로 남편에게 드릴 멋진 반지를 구매했습니다. 전갈 모양이 들어가 있는 오닉스 반지입니다. 아마도 남편분이 감동하셨을 겁니다. 30년을 살다 보니 남편분의 취향을 잘 알고 계신 듯했습니다. 용 반지 또는 전갈 반지는 남자들의 로망 아니겠어요? 손녀의 돌 선물로 금수저 한 돈과 함께 주문해주셨습니다. 30주년 기념일은 부인이 남편에게 주는 선물이라도 어색하지는 않습니다. 아니면 그동안 남편분에게서 많은 선물을 받아오셨는지도 모릅니다.

제 작은 쥬얼리샵에는 100일 기념일부터 30주년 기념일이 함께하고 있습니다. 누군가에게는 희망을 주고 또 누군가에게는 사랑도 주고, 행복도 주고 용기와 꿈도 주고 있습니다. 아름다운 사연도 있고 슬픈 사연도 함께하는 곳입니다. 찾아주는 모든 고객들의 사랑과 행복과 희망과 슬픔과 기쁨의 징검다리가 되어드리고 있습니다. 결혼 후 사는 게 바빠서 기념일을 잊고 살아가지는 않으시나요? 귀금속이 아니어도 좋습니다. 그저 작은 기념 선물이라도 준비해보는 여유를 가져보시는 건 어떨까요?

북적이는 곳으로 고객은 찾아간다

어디를 가도 사람들이 북적이면 궁금해서 사람들의 빈틈으로 안을 들여다봅니다. 마트나 시장을 가서도 다른 곳보다 유난히 사람들이 모여 있는 곳이면 관심이 집중되어 걸음이 멈춰집니다. 식당들이 즐비하게 늘어선 먹자골목을 가면 왠지 사람들이 많이 있는 곳을 찾아 두리번거리게 됩니다. 처음 가는 곳은 그곳에 손님이 얼마나 있는지를 살펴서 들어가게 됩니다. 음식 맛은 먹어보지 않아 모르기 때문입니다. 매장은 큰데 손님이 없으면 왠지 들어가기가 꺼려집니다. 북적이는 곳으로 손님은 찾아듭니다. 그저 덩달아 따라 들어가게 되는 겁니다.

이처럼 잘되는 곳은 잘되는 이유가 있습니다. 누구든 내가 가는 곳에 손님이 많이 있는 걸 좋아합니다. 그것은 바로 내가 구매하는 곳이 믿을 수 있는 곳인지를 증빙하는 방법이기도 합니다. 나 외에도 많은 손님이 찾아오고 있다는 것에 안심하고 자신도 구매하게 되는 겁니다. 제가 있는 곳은 매우 협소합니다. 주말에 상담 시 커플 세 팀 정도 앉아 있으면 꽉 차는 매장입니다. 매장이 작아서 오히려 이득은 있는 것 같습니다. 큰 매장에 커플이 세 팀 정도 있는 거와는 효과가 다르기 때문입니다. 오히려 꽉 차 보이고 좋은 듯합니다. 왠지 의욕도 생기니 말입니다. 저를 찾아오는 고객들은 주로 SNS를 통해 고객이 많이 찾는 곳인지를 확인하고 찾아옵니다. 주말은 찾아오시는 고객들로 몰리는 시간대에는 대기하게 되는 상황도 왕왕 있습니다. 블로그나 인스타, 카페를 보시고 찾아주시는 고객들이라 보셨던 그대로의 모습을 보여드리고자 최선을 다하고 있습니다. 찾아주시는 만큼 실망하고 돌아가지는 않습니다. 북적이는 모습을 보고 지나가던 고객도 와서 쳐다보거나 문의해주시기도 합니다. 또는 그냥 스쳐 지나가지 않고 검색해보기도 합니다. 요즘은 항상 어디서든 인터넷 검색이 가능하기 때문입니다. 그래서 지나가던 사람도 언제고 고객으로 찾아올 수도 있게 됩니다.

2014년 10월 20일에 고객의 블로그에 소개된 내용입니다.

"마미가 끼고 있던 반지가 오래되어서 예쁜 반지를 생신 선물로 드리려고 마음을 먹었어요. 동생이 두 달 전에 커플링을 종로에서 했는데 서비스도 너무 좋고 사장님도 친절하다고 해서 한글날에 동생과 함께 종로에 위치한 주원쥬얼리를 방문했어요. 사장님이 친절하게 상담도 해주시고 해서 이것저것 예쁜 반지를 골랐어요. 더욱 더 의미 있게 저희 마미 탄생석인 사파이어를 해드리기로 했어요. 반지가 나온 날 사장님께서 상품이 나왔다며 사진을 보내주셨어요. 4.41g 중량 사진과 함께 그리고 중량이 1g 빠졌다고 8,000원과 함께! 워낙 악세사리를 좋아해서 여기저기서 많이 구매해봤지만, 사장님의 센스는 엄지 척! 친절한 서비스와 생각지도 못한 고객 상담과 사진 발송이 제 마음을 흔들었나 봐요. 사장님 짱."

이렇게 고객의 느낌이 담겨 있는 후기를 고객의 블로그에 직접 올려 주셨습니다. 누군가 이 블로그를 보시고 또 찾아주실 수도 있습니다. 솔직한 고객의 후기글이라 더욱 믿음이 가는 내용이었습니다. 굳이 말로 하는 것보다 훨씬 좋은 효과가 있을 겁니다. 고객과 소통하는 곳이라서 가능했습니다. 입소문을 타고 멀리멀리 퍼져나가길 기대하고 바라는 욕심입니다. 외길 31년의 쥬얼리 판매를 경험하면서 고객의 마음을 가장 잘 아는 사람이 되기 위해 나름대로 노력하고 있습니다. 고객이 북적이는 곳은 그만 한 뭔가가 있어서일 겁니다. 줄 서서 기다리는 맛집이라면 그 맛의 뒤에는 남다른 노력의 결실이 숨겨져 있을 겁니다. 그냥 이루어진 건 아닐 겁니다. 말 못 할 시련과 아픔을 견디어낸 주방장의 고통과 노력에서 좋은 맛의 결과물이 탄생했기에 까다로운 사람들의 입맛을 사로잡을 수 있었을 겁니다.

종로3가 제가 있는 작은 쥬얼리샵에도 고객들이 많이 찾아옵니다. 입소문을 듣거나 블로그를 보거나 카페, 페이스북, 인스타 등 SNS 채널을 보거나 해서 멀리 지방에서도 ktx를 타거나 자가용을 가지고 참 먼

거리에서 달려오십니다.

6년 전 장사가 잘 안돼 25년 몸담아 왔던 귀금속 업종을 떠나야 할 상황까지도 갔었습니다. 무엇을 해야 할지도 몰랐습니다. 그저 막막하기만 했습니다. 귀금속 판매 외에는 아무것도 할 수 있는 게 없었습니다. 그나마 생각난 것이 대리운전이나 택시 운전이었습니다. 그때 집사람이 어느 식당에 설거지 아르바이트 면접까지 보고 왔다는 얘기를 듣고 뭐라 한마디 해줄 수가 없었던 기억도 납니다. 가장으로서 참으로 가슴 아픈 일이었습니다. 다행히 식당 설거지 아르바이트는 나가지 않아도 되었습니다. 묵묵히 어려움을 함께해준 집사람이 있어 더욱 용기와 힘이 났습니다. 어느 순간 욕심을 버렸습니다. 그 어디에도 없는 나름 중량 정산 환급제를 시행하면서 고객들이 찾아오기 시작했습니다. 그렇다고 성공한 건 아닙니다. 그렇다고 자랑도 아닙니다. 지금도 아기가 아장아장 걷는 것처럼 아직도 걸음마 단계입니다. 고정관념을 버리고 욕심을 버렸습니다. 그냥 이루어진 건 아닙니다. 나름대로 열심히 잠을 줄여가며 블로그를 직접 운영했습니다. 제 노력이 고객들의 마음을 움직이게 했습니다. 제가 잘나서 고객들이 찾아주는 건 결코 아닙니다. 진정성이 있고 믿음과 신뢰가 있습니다. 그리고 한결같고 꾸준한 모습이 있습니다.

고객이 북적이는 곳은 그만 한 이유가 있습니다. 그래서 멀리에서도 찾아오시는 겁니다. 치장하지 않고 있는 그대로의 모습을 보여드리고 있습니다. 오히려 그것이 고객들에게 좋은 반응을 일으키게 된 듯합니다. '벼가 익으면 고개를 숙인다'는 말처럼 좀 잘나간다고 고개를 들지는 않을 겁니다. 항상 찾아주신 고객들을 생각하며 어려웠던 시절을 기억하고 자세를 낮추며 좀 더 발전할 수 있는 기회를 찾으려 노력할 것입니다.

손님이 북적이는 곳과 한산한 곳 중 어디를 선택해서 들어가실 건가요? 물론 업종에 따라 다르긴 하지만, 점심이나 저녁을 먹으러 갈 때의 상황을 생각하시면 됩니다. 북적이는 곳이 왠지 음식 맛도 좋을 것 같다는 생각이 들기 때문에 북적이는 곳으로 갑니다. 고객이 있는 곳은 검증된 곳입니다.

SNS 마케팅은 필수

제 작은 쥬얼리샵도 SNS가 있습니다. 고객과 함께 소통하고 정보를 공유하며 관심 정보를 문의해오거나 상담을 통해 구매로 이루어지고 있습니다. 세상은 SNS로 통한다고 해도 틀린 말은 아닌 것 같습니다. 사람들은 스마트폰으로 맛집을 찾아갑니다. 가격 정보도 알 수 있습니다. 위치 정보도 있습니다. 고객의 후기도 있습니다. 선택을 도와주는 글 내용도 있습니다. 이렇게 넘쳐나는 정보의 홍수 속에 살고 있는 우리입니다. 좋은 후기도 있고 나쁜 후기도 있을 수 있습니다. 그래서 선택의 범위도 넓습니다. 선택은 자유입니다.

제가 하는 쥬얼리 장사도 SNS 덕분에 발전하고 그저 바쁘게 지내고 있습니다. 전국에서 문의가 오고 있고 전국으로 택배 배송을 하고 있습니다. 아무래도 비싼 쥬얼리 제품이다 보니 길 가다 그냥 사 가는 경우는 거의 찾아볼 수가 없습니다. 인터넷으로 정보를 확인하고 문의하거나, 요리조리 살펴보고 확신이 섰을 때 믿을 만한 곳에서 구매하게 됩니다. 꼭 오프라인 매장을 방문하지 않아도 상품에 대한 정보를 쉽게 얻을 수 있습니다. 물론 가격 정보도 비교해볼 수도 있습니다. 요즘은 아무리 작은 장사를 해도 SNS를 하지 않으면 발전할 수 없을 겁니다. 대기업에서도 SNS를 하고 있습니다. 요즘 신문 광고는 거의 하지 않고 있다는 걸 알 수 있습니다.

고객과 소통하는 제 네트워크는 다양합니다. 모든 채널을 운영하고 있지는 않지만, 그래도 많은 채널을 구축하고 운영하고 있습니다. 블로그 포스팅에 댓글로 문의하거나 블로그 네이버 톡톡으로 실시간 문의가 오고 있고 고객과의 질문과 답을 드리며 실시간 소통을 하고 있습니다. 제가 직접 운영하고 있는 블로그는 벌써 만 6년이 되는 듯합니다. 낮에는 매장에서 SNS로 고객들과 소통하고 밤에는 블로그 포스팅을 하며 그저 열심히 바쁘게 살고 있다고 나름 인정하고 있습니다. 그동안 제 블로그 팬들도 많이 생긴 듯합니다.

블로그는 SNS의 꽃이라고 해도 과언이 아니라고 생각됩니다. 블로그를 하면서 소통을 알게 되었습니다. 제 삶을 바꾸어놓은 것도 블로그였습니다. 제 블로그에 많은 쥬얼리 정보가 담겨 있습니다. 고객들의 사연으로 된 포스팅이 있습니다. 고객과 함께 운영하는 블로그라 해도 될 것 같습니다. 앞으로도 신체적 무리가 없다면 죽을 때까지라도 계속 운영하려고 합니다. 카페가 있어 고객의 문의와 후기도 많이 있습니다. 누구나 회원이 될 수도 있습니다. 고객들은 자발적인 고객 만족과 고객 감동에서 나오는 후기를 올려주십니다. 카페 회원들끼리 정보를 공유하며 소통을 나눌 수도 있습니다.

카카오톡 아이디로 검색하는 카카오톡은 수시로 알림 소리가 울리고 있습니다. 가장 빠른 실시간 질문과 답을 드릴 수 있는 채널입니다. 사진과 글을 보며 상담할 수 있어 어느 곳보다 정확한 상담이 이루어지는 곳이기도 합니다. 카카오톡이 없었다면 고객과 어떻게 소통할 수 있었을지 생각하게 됩니다.

앞에서 말씀드린 대로 카카오톡 친구가 9,960명이나 됩니다. 카카오톡 용량의 한계가 있어 더 이상 늘어나지는 않는 것 같습니다. 9,960명은 상담도 하신 고객도 계시고, 앞으로 문의할 수 있는 잠재 고객도 많이 있을 수 있습니다. 제 손가락도 보험을 들어야 하는 건 아닌지 모르겠습니다. 제 신체에서 가장 많이 쓰이고 있는 것이 손가락입니다. 다치기라도 하는 날에는 큰일이 날 듯합니다. 조심해야 하겠습니다. 주원쥬얼리 상호 검색으로 연결되는 플러스친구 카카오톡도 있습니다. 카카오톡과 같은 거라 보시면 됩니다. 어디든 열려 있는 제 SNS입니다.

인스타그램, 페이스북, 카카오스토리와 스토리 채널도 운영하고 있습니다. 하루 중 전부를 SNS와 함께하고 있다고 봐도 틀린 말은 아닐 겁니다. 블로그 댓글에 답을 하고 네이버 톡톡과 플러스친구와 카카오톡으로, 인스타그램과 페이스북 메신저로 실시간 상담을 하느라 시간이 어떻게 흘러가는지 모르고 있습니다. 페이스북으로 고객의 소식도 접하고 있습니다. 상황에 따라 댓글은 달지 않지만, 좋아요를 누르며 고객과 소통하고 있습니다. 저와 친해진 고객들은 언제고 저를 또 찾아오십니다.

제 SNS에는 진정성이 있습니다. 포장만 화려하지는 않습니다. 있는 그대로 보여드리고 있습니다. 그래서일까요? 구매 후 상품이 인증샷 사진보다 예쁘다는 말씀을 많이 하고 계십니다. 인증샷은 그저 최선을 다해 촬영하지만 특별한 준비는 하지 않습니다. SNS를 보시고 매장으로 방문해주십니다. 주말에는 찾아오시는 고객들로 작은 쥬얼리샵에는 고객들로 북적입니다. 구매한 제품이 공장에서 나오면 일일이 검품하고 중량 정산을 한 후 배송 인증샷을 찍고 있습니다. 한 제품의 인증샷은 보통 열 장 이상으로 찍습니다. 배송 전에 인증샷을 고객들께 꼭 보내드리고 있습니다. 고객에 대한 서비스와 소통으로 생각하고 한 번도 게으름을 핀 적이 없었습니다. 아마도 이것을 고객들도 좋아하고 계실 듯합니다. 화려하게 치장해서 고객을 유혹하지 않습니다. 있는 그대로 보여드리며 소통하고 있습니다.

고객은 언제든 필요한 정보를 볼 수 있고 얻어 갈 수 있습니다. 투명하고 합리적인 영업을 하고 있습니다. SNS는 꾸준함이라고 정의를 내리고 싶습니다. 꾸준함도 전략입니다. 꾸준함은 인내입니다. 그리고 노력입니다. 고객은 이 시간에도 말없이 지켜보고 있습니다. 아직 믿음이 가지 않고 있기 때문입니다. 몇 날 며칠 또는, 몇 달 몇 년이 걸릴 수도 있습니다. 고객의 마음을 얻기 위한 시간은 그렇게 빨리 오지는 않습니다. 그저 묵묵히 최선을 다하고 있을 때 고객은 찾아옵니다. 요즘 사람들은 정보를 빨리 찾습니다. 그래서 선택을 빠르게 할 수도 있습니다. 보이는 것도 중요하지만, 보이지 않는 곳은 더욱 중요합니다. 고객들에게 항상 올바른 정보를 드리기 위해 최선을 다해 노력하고 있습니다.

Jewelry Shop

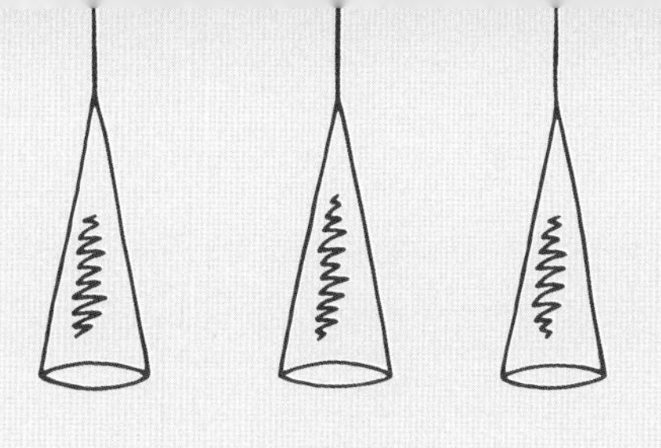

PART

05

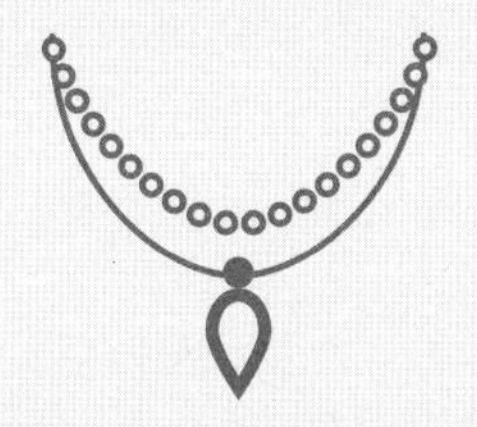

새로운 매출을 만드는 브랜딩 매뉴얼

시간을 절약하면 매출이 는다

종로3가 귀금속상가의 아침은 조금 늦은 오전 10시 정도입니다. 총판이 있고 공장이 있고 소매점이 있는 곳입니다. 10시부터 사람들은 모여들기 시작합니다. 사람들이 게을러서가 아닙니다. 취급 품목이 아무래도 귀금속이다 보니 아침 일찍 이른 시간은 고객이 나오지 않아서일 수도 있습니다. 저는 종로3가역에 매일 아침 8시 30분 정도 도착합니다. 걸어서 상가까지 2분이면 충분하게 도착합니다. 이 시간에 종로3가는 매우 한산합니다. 제가 귀금속에 발을 들여놓을 당시, 명동 앞거리에서 가장 일찍 문을 여는 곳으로 주변 사람들에게 칭찬을 받기도 했었습니다. 그때는 상가 앞길에 물을 뿌려 문을 열었다는 표시를 하곤 했었습니다.

제 하루는 출근하는 3호선 전철 안에서부터 시작됩니다. 전철 이동

시간은 그리 길지 않은 15분 정도입니다. 연신내역에서 종로3가역까지 출퇴근하는 구간입니다. 전철을 타고 가장 먼저 하는 일은 블로그를 열어 지난밤 남겨진 댓글을 확인하고 답을 답니다. 짧은 시간에 빠른 행동이 필요한 일이라 할 수 있습니다. 전철을 타고 출근하는 시간은 자투리 시간을 효과적으로 쓰는 시간입니다. 이 시간은 저에게 가장 소중한 시간입니다. 시간은 없는 게 아닙니다. 시간 활용을 못 하기 때문에 시간이 없다고 말하는 겁니다.

언제부터인가 '시간은 돈이다'라는 말을 실천하며 살고 있습니다. 상가를 관리하는 관리인이 상가 문을 열기도 전에 항상 제가 먼저 열곤 합니다. 8시 30분에서 40분에 도착 후 10시까지는 블로그를 살핍니다. 이웃과 소통도 하고 댓글 문의에 상담도 합니다. 아침 시간부터 블로그 운영으로 이미 바쁘게 시작됩니다. 항상 아침 8시 40분에 예약 포스팅이 등록됩니다. 포스팅은 틈틈이 시간 나는 대로 일을 하는 도중에도 자투리 시간을 이용해서 준비해놓고 있습니다. 이 시간에는 간밤에 카카오톡으로 문의를 남겨준 고객의 상담은 해드리지 못하고 있습니다.

10시부터는 본격적인 고객과의 상담을 시작합니다. 문의를 남겨준 카카오톡, 플러스친구, 톡톡 등 순서대로 상담을 드리며 수시로 들어오는 카카오톡 상담도 시작됩니다. 이때부터 저만의 전쟁 아닌 전쟁이 시작됩니다. 카카오톡 상담 중 플러스친구 상담도 들어오고, 네이버 블로그 톡톡 문의가 동시에 들어옵니다, 그리고 카페 문의도 들어옵니다.

이 상황에 전화도 걸려옵니다. 정말 정신없는 순간이 생기기도 합니다. 이 와중에 틈틈이 카카오스토리와 라인, 페이스북에도 블로그 내용을 뽑아 짧게 포스팅합니다. 물론 복사해서 붙여넣기를 하니 그리 오래 걸리지는 않습니다. 그러나 이럴 때 문의가 꼬일 때도 자주 있습니다. 게다가 매장으로 방문 고객이 찾아오시는 날도 있습니다. 그럼 이때는 잠시 핸드폰을 떠나야만 합니다. 방문 고객에게 집중해야 하기 때문입니다. 실시간 고객은 1순위 상담이 됩니다. 상담 중에 핸드폰의 알림은 계속 울리고 있습니다. 그래도 친절하게 방문 고객의 상담을 먼저 진행하고 있습니다.

또한 카카오톡 상담을 하셨던 고객이 직접 매장으로 찾아오시는 경우도 있습니다. 아무래도 직접 제품을 보고 구매하시려고 하시는 고객의 방문 상담입니다. 10시부터 시작된 상담은 12시 점심시간에 일단 멈춤이 됩니다. 점심을 먹는 시간 또한 10분 정도 될까요? 매우 짧은 점심시간이 지나갑니다. 먹기 위해 사는 게 아닌 살기 위해 먹는 것 같은 점심은 항상 그렇게 지나가고 있습니다. 짧은 점심은 이렇게 끝나고 바로 다시 상담이 시작됩니다. 잠시 넋 놓을 시간이 제게는 어찌 보면 허세일 수도 있을 겁니다. 2년 전 이렇게 바쁜 상담을 하다 스트레스성 위염이 생겨 한 달 정도 병원 약을 먹기도 했었습니다. 그렇다고 절대 상담을 소홀히 하지는 않습니다. 한 분, 한 분에게 친절하고 정확한 상담을 해드리고 있습니다. 그동안 많은 고객과의 카카오톡 상담으로 상담 노하우도 많이 쌓여 있습니다. 그러나 고객들의 문의는 참으로 다양합니다. 자료가 없는 문의를 해오시면 총판으로 달려가 자료 수집을 하고 고객과의 상담을 이어가고 있습니다.

오후 2시부터는 배송 준비를 하며 상담하느라 상담이 늦어질 때도 생깁니다. 저를 도와주는 직원이 한 명 있습니다. 공장에서 출고된 상품을 검품하고 정리해서 저에게 넘깁니다. 그럼 저는 검토 후 꼼꼼하고 자세하게 인증샷을 찍어 배송 전 고객과 상담했던 곳으로 보내드립니다. 배송 준비는 7시까지 계속됩니다. 중간중간에 기다리시는 고객들의 완성 날짜 확인 카카오톡도 옵니다. 일일이 답을 드리느라 더욱 바쁜 상황이 되곤 합니다. 7시까지는 배송을 마쳐야 하루 일과가 마무리됩니다. 배송은 하루 한 번 종로3가를 담당하고 있는 CJ 택배가 수거하러 매장을 방문합니다. 보험 배송으로 안전하게 배송이 됩니다. 7시 20분에서 30분 사이 영업은 마무리됩니다. 하루가 어떻게 지나갔는지 눈코 뜰 새 없다는 말을 실감하며 하루 일과는 이렇게 마치게 됩니다.

퇴근하는 전철 안에서도 실시간 상담은 계속됩니다. 퇴근길까지 이어지는 고객과의 상담도 있습니다. 퇴근 후 딱 30분 동안 빠른 걸음으로 러닝머신을 탑니다. 하루의 피로를 풀며 건강을 지키는 방법으로 빠른 걸음 30분만 하고 있습니다. 건강해야 고객과의 상담도 할 수 있다는 것을 생각하며 퇴근 후 바로 동네 헬스클럽으로 달려갑니다. 밤에는 블로그를 준비합니다. 이 시간도 저에게는 소중한 시간입니다. 블로그를 보시고 찾아주시는 고객들을 위해 준비하는 시간이기 때문입니다. 하루가 참으로 짧습니다. 동시다발로 들어오는 고객의 상담에 순간 정신이 없기도 합니다. 그래도 찾아주시는 고객을 생각해서라도 게으름 피우지 않고 열심히 상담해드리고 있습니다. 종로3가의 아침을 연 제 하루는 이렇게 마무리됩니다. 정말 역동적인 하루를 보낸 듯해서 가슴속으로 보람과 뿌듯함을 느끼며 눈을 감으면 금세 잠이 들곤 합니다. 내일은 또 다른 종로3가의 아침을 열 게 될 겁니다.

물건을 파는 게 아니고 서비스를 판다

"와, 대박입니다! 왜 이렇게 이뻐요. 엄마 반지 처음 보고 헉! 했어요! 근데 밭일하는 분이라 손이 까무잡잡해서 화이트가 이쁠 거 같아요. 내일 보낼게요! 커플링은 토요일에 놀러 가서 개봉할 거예요. 아직은 비밀이라서 저 혼자 껴봤어요. 진짜 넘넘 이뻐요! 감사해용."

제주도 고객이 엄마 5부 다이아 반지와 고객의 1부 다이아 커플링을 구매하시고 예쁘다고 무척 좋아해주셨습니다. 카카오톡으로 주신 감동의 내용을 그대로 옮겨봤습니다.

언제나 고객의 즐거움은 저에게 큰 보람과 두 배의 즐거움을 주고 있습니다. 비록 얼굴 한 번 보지 않고 카카오톡 상담 후 구매해주는 것이지만, 직접 상품을 보고 구매해주시는 것 이상으로 만족과 감동을 해주시는 고객에게 감사의 말씀을 드립니다. 전부터 꾸준하게 찾아주시는 제주도에 계시는 고객으로, 한 번 왔다 갔다 하기도 쉽지 않은 상황입니다만 잊지 않으시고 언제나 찾아주시는 고객과의 상담은 제 친절하고 자세한 내용이 있기에 가능했다고 봅니다. 고객의 믿음과 제 신뢰와의 소통으로 이루어진 카카오톡 상담 후 구매가 이루어질 수 있었습니다. 제가 직접 블로그를 운영하면서 정확한 정보를 서비스해드리고자 애쓰고 있습니다. 블로그를 보시고 정보를 얻은 고객이 카카오톡으로 상담을 주십니다. 그럼 아무래도 상담이 수월하게 이루어질 수 있습니다. 이미 고객은 많은 정보를 알고 계시기 때문입니다. 고객과의 상담부터 친절한 서비스는 시작됩니다. 완성 후 중량 정산으로 주문할 때보다 완성 후 중량이 덜 들어갔을 경우 금값을 돌려드리는 서비스가 있습니다.

제품은 완성 후 모든 공정을 마친 후 중량을 말합니다. 주문 시 중량에서 완성 후 중량은 언제나 + - 된다는 불편한 진실이 있습니다. 물론 더 나오면 더 주는 투명하고 합리적인 중량 정산 환급제를 말합니다. 제품에 들어가 있는 큐빅의 무게를 빼드리는 서비스도 있습니다. 큐빅은 금이 아니기 때문입니다. 한 개의 큐빅 무게도 빼드리는 곳입니다. 이 부분도 모든 귀금속점에 해당되는 부분은 아닙니다. 그저 저만의 영업 방식과 철학입니다. 또한, 주문한 제품을 촬영해서 꼼꼼한 인증샷을 보내드리는 서비스가 있습니다.

수많은 귀금속상가 매장이 있지만, 이와 같은 서비스가 있는 곳은 그리 흔하지 않다고 봅니다. 이런 차별화된 서비스가 있기에 수많은 종로3가 귀금속상가에서 살아남을 수 있는 원동력이 되었다고 생각합니다.

여기서 끝은 아닙니다. 사용 중 제품에 문제라도 생기게 된다면 특별한 기간 없이 언제라도 A/S 서비스도 있습니다. 물론 상황에 따라 비용은 들어갈 수는 있지만, A/S는 철저하고 신속하게 처리됩니다. 처음 고객과의 상담에서부터 구매 후 A/S까지 서비스는 이어져가고 있습니다. 제가 판매하는 모든 상품에는 서비스가 있습니다. 그저 물건만을 파는 곳은 결코 아닙니다. 제 노력과 땀과 서비스가 함께하고 있습니다.

상품의 가격은 같은 상품이라도 장소에 따라 모두 다를 수 있습니다. 가격만을 생각하면서 발품을 팔면 가장 저렴한 곳에서 구매하실 수도 있지만, 그 외 서비스는 기대하지 않으셔야 합니다. 물론 제가 판매하는 것도 가격 면에서는 거품 없는 좋은 가격이라고 말씀드릴 수는 있습니다. 거기에 서비스까지 있습니다. 가장 중요한 서비스는 아무래도 카카오톡 상담 서비스가 아닐까 합니다. 실시간 고객과의 상담을 통해서 고객이 원하시는 상품을 준비해드리고 있습니다. 보통 영업시간 중 10~7시 사이가 실시간 가장 상담이 빠르게 진행될 수 있습니다. 어느 고객의 후기 글에서 제 상담이 젊은 사람의 상담 같았다는 기분 좋은 말씀이 생각납니다.

카페에 올라온 어느 고객의 후기 글입니다.

"호랑이 반지를 주문하면서 하트 순금목걸이도 같이 주문했습니다. 여러 디자인을 찾다 부담 없는 가격에 심플하고 사랑스러운 디자인이 선물하기에 딱 적합하다고 생각해서 바로 겟 했습니다. 선물 받은 분도 폭풍 감동했고 너무 예쁘다고 기분 좋아해서 저도 뿌듯했네요. 지인이나 가족 선물을 할 생각이라면 정말 좋은 아이템인 거 같습니다. 저도 가족 선물로 하나 더 하려고 합니다. 소중한 사람에게 참 좋은 선물이죠. 포장도 예쁘게 해주시고 항상 친절하고 매너 있으신 사장님께 하트 만 개를 드립니다."

물건을 팔며 이윤만을 생각하지는 않습니다. 상담부터 제 열정과 정성이 담겨 있습니다. 물론 장사는 물건을 팔며 이윤을 남겨야 합니다만, 이윤만을 좇지는 않습니다. 열심히 고객과 소통하다 보니 이윤은 저절로 따라 오는 것 같습니다. 소통과 열정이 없이 이윤만을 좇은 적도 있었습니다. 한 마디로, 돈만을 좇았습니다. 그러나 돈은 자꾸만 멀어져 저에게서 멀리 도망치듯 달아나 버렸습니다. 6년 전 힘들었던 제 모습이 생각이 납니다. 서비스는 사소한 것에서부터 시작될 수 있습니다. 매장에 방문해서 상담하는 고객들에게는 착용하고 계시던 목걸이, 팔찌, 반지 등을 초음파 세척기로 바로 깨끗이 세척해드리기도 합니다. 비용이 들어가지 않으며 고객이 좋아하시는 작은 서비스입니다. 별건 아니지만 작은 일에 고객은 만족과 감동을 하게 됩니다.

매장을 방문해서 커플링을 맞추는 커플에게는 즉석에서 폴라로이드로 기념 촬영도 해드리고 있습니다.

고객에 대한 서비스를 항상 생각하고 있습니다.

고정관념을 버리면 매출이 늘어난다

11년 전 백화점에서 영업하다가 사정상 종로3가로 매장을 옮기게 되었습니다. 종로3가 귀금속상가는 그날그날 금 시세를 적용해 상품의 가격을 결정하고 고객에게 판매하는 방식으로, 도매 개념을 가지고 영업을 하는 곳입니다.

귀금속은 가전제품처럼 박스 포장 상태로 판매하지는 않습니다. 정육점에서 고기를 썰어 팔듯이 바로 판매하거나 구매할 수 있는 품목입니다. 백화점이나 종로3가 귀금속상가도 상황은 마찬가지입니다. 진열되어 있는 상품 중에 반지나 목걸이, 팔찌 등을 바로 구매할 때는 재고 상품 중량 그대로를 적용해서 계산하게 됩니다.

반지는 사람마다 손가락 굵기가 달라 대부분 손가락 호수에 맞게 주문하게 됩니다. 목걸이나 팔찌도 체형에 따라 맞춤으로 물론 가능하지만, 대부분 반지를 맞춤으로 합니다. 보통 일주일 정도 후에 완성되어 방문 수령이나 택배 배송을 하게 됩니다. 주문 시 반지의 중량은 예를 들어 10g으로 남자 호수 기본 18호 기준으로 만들어진 견본품의 무게로 계산하게 됩니다. 고객의 호수는 손가락이 가늘어 15호로 주문했습니다. 그럼 완성 후 반지의 무게는 그대로 10g으로 나왔을까요? 깊이 생각하지 않아도 금방 이해가 가는 문제입니다. 완성 후 중량은 반드시 + - 되어 나옵니다. 18호에서 15호로 나왔으니 금 중량은 보통 덜 들어가게 됩니다. 처음부터 15호의 중량을 계산할 수는 없습니다. 15호 기준으로 계산했다 해도 완성 후는 달라지게 됩니다. 그럼 덜 들어간 만큼의 금 중량은 반드시 고객에게 돌려드려야 한다고 봅니다. 때로는 중량이 줄어들지 않는 경우도 있습니다.

이 글을 계속 써 내려가기 전, 한 가지 짚고 넘어가야 할 이야기가 있습니다. 이 글은 어디까지나 제가 있는 곳 종로3가의 제 상황으로, 대한민국 모든 귀금속점이나 쥬얼리샵을 포함시킨 건 아님을 말씀드립니다. 장소와 영업 방식에 따라 계산 방식은 다를 수 있다는 걸 알려드립니다.

사실 저도 종로3가로 매장을 옮겨 영업을 시작하면서부터는 아닙니다. 과거 백화점 영업을 할 때도 중량 정산 환급제는 몰랐었습니다. 낯선 곳 종로3가에서 살아남기 위한 나름의 영업 방식일지도 모릅니다. 어느 날 가만히 생각하게 되었습니다. 여기서는 금값을 원가로 해서 처음부터 금에 대한 이윤을 보지 않을 생각으로 고객에게 계산하고 있었습니다. 그런데 주문한 제품의 중량이 덜 나왔을 때는 마음이 변하는 거였습니다. 덜 나온 중량의 금값을 이윤으로 생각하고 챙기는 것이었습니다. 물론 고객은 그 사실을 모른 채 주문한 상품을 찾아가게 됩니다.

주문 시 중량이 완성 후 + - 된다는 사실을 말씀드리지 않았기 때문입니다. 물론 상담할 때도 중량에 대해 말하지 않습니다. 그럼 이 상황에서 얘기하지 않은 중량이 더 나왔을 땐 어떻게 될까요? 완성 후 무조건 덜 나오지만은 않습니다. 그럼 고객과의 말다툼이 일어나게 됩니다. 매장에서는 중량이 더 나왔으니 당연히 더 나온 중량의 금값을 달라고 합니다. 고객은 언제 그런 말을 한 적이 있느냐, 중량을 일부러 추가해 놓고 더 달라고 하는 게 어디 있냐, 이거 사기 아니냐 하며 갑자기 매장이 시끌시끌해지며 주위에서 구경꾼도 오게 되고 고객의 신고로 경찰도 출동할 수 있는 상황도 생기게 됩니다. 재래시장에서나 볼 수 있는 상황들이 생길 수 있게 됩니다.

이렇듯 완성 후 중량은 더 나올 수도 있습니다. 처음에는 금에 대한 이윤을 생각하지 않았다가 완성 후 덜 나온 중량의 금값에 갑자기 마음이 변해서 욕심이 생기게 된 겁니다. 그래서 저는 욕심을 버렸습니다. 어차피 이윤 없이 금값을 처음부터 계산했다면, 완성 후 덜 들어간 중량의 금값을 빼드리자고 마음을 단단히 고쳐먹고 실제로 그렇게 실천했습니다. 주문 시 반드시 고객에게 주문한 제품은 완성 후 중량은 덜 나오거나 추가될 수 있다는 것을 이해시키고 완성 후 중량을 + - 정산을 해드리게 되었습니다. 이러한 상황을 제 블로그에도 포스팅을 하며 알리기 시작했습니다. 마음을 비우니 매출이 늘어나기 시작했습니다. 고객들의 반응이 놀라울 만큼 뜨거웠습니다. 완성 후 중량 정산 확인은 저울에 올려놓은 제품의 상태 그대로를 찍어 고객에게 인증샷으로 확인시켜드렸습니다. 욕심을 버리고 투명하고 합리적인 계산 방법으로 고객의 재산과 소비자의 권리를 지켜드림으로써 반응은 매우 뜨거웠습니다. 그 이후 고객들의 만족과 감동의 후기는 계속해서 끊이지 않고 올라오고 있습니다.

제가 있는 오픈상가 안에 타 매장에서도 똑같이 따라 하고 있어 고객들의 좋은 반응을 얻고 있습니다. 주문하지 않고 진열되어 있는 상품을 구매할 때는 중량 변화는 없습니다. 그냥 그대로 구매하기 때문입니다. 이런 일도 있었습니다. 문자로 '동네 제법 큰 쥬얼리 매장에서 커플링을 맞추었는데 주문 시 중량도 몰랐고 완성 후 중량 정산도 하지 않았는데 왠지 모르게 중량이 덜 나온 것 같은데, 이럴 땐 어떻게 해야 하나요?'라는 문의가 왔었습니다. '그러게요. 참으로 답답한 상황이네요. 주문 시 중량도 주문서에 기재도 없었고 완성 후 중량도 기재되어 있지 않으니 뭔가 알 수가 없었습니다. 그래서 그곳에 가서 다시 한번 확인을 해보시라'는 말씀을 드렸습니다. 이상한 점이 있죠? 왜 그곳에서는 중량을 기재하지 않았을까요? 깊은 생각을 하게 되는 부분입니다.

이러한 발상 덕분에 기존 사고의 틀에서 벗어나 새로운 발상으로 일하는 방식을 개선·혁신한 사람으로 인정되어 한국신지식인협회 자영업 분야(인증번호 : 16-104)에 신지식인으로 선정되었습니다. 귀금속업종에서는 최초라고 합니다.

마음을 비우니 매출이 늘고, 고객들의 반응은 뜨겁고 적극적이었습니다. 중량 정산 환급제란 제도는 없습니다. 저만이 사용하는 용어입니다. 법적인 제재도 없습니다. 그저 양심에 맡기고 영업하면 되는 겁니다. 왜 고객들의 반응은 뜨거웠을까요? 그동안 접해보지 못했던 경험을 하게 되어서일 겁니다. 또한 실제 그러한 일을 경험했기 때문일 겁니다. 저는 모든 귀금속매장이나 쥬얼리샵들도 중량 정산 환급제를 시행하기를 바라고 있습니다. 고정관념을 버리고 중량 정산 환급제를 한번쯤 생각한다면 뭔가 큰 변화를 일으킬 수 있는 계기가 될 거라 생각됩니다.

외모는 제2의 매출 효과를 준다

옷을 입는 것도 성격에서 나오는 것 같습니다. 성격이 소탈하거나 외모에 별로 신경을 쓰지 않는 사람은 무슨 일을 하든 대충 입고, 대충 신경을 쓰며 살아갑니다. 하지만 성격은 그렇다 해도 직업상 맞는 옷을 입어야 하는 게 중요하다고 봅니다.

병원에 의사와 간호사들의 까운이 하얀색입니다. 환자들에게 깔끔함과 안정된 마음도 줄 수 있고 믿음 또한 줄 수 있는 가운이라 생각합니다. 그래서 하얀색 가운을 입고 있는 듯합니다. 20대 때 처음 귀금속에 발을 들여놓을 때가 생각납니다. 명동 앞거리에는 귀금속점들이 즐비하게 늘어서 있었습니다. 지금은 모두 이전을 했거나 문을 닫은 상태지만, 1987년도에는 명동 앞거리에 가면 서울에서 유명한 보석상들이 즐비하게 늘어져 있었습니다. 그곳에서 일하는 사람들의 모습은 하나같이 하얀 와이셔츠를 깔끔하게 입고 단정한 모습으로 고객을 기다리거나, 상담을 하고 있거나 하는 모습이 인상적이었습니다. 일을 처음 배우기 시작하면서 저도 그런 모습으로 점점 익숙해져갔습니다.

하얀 와이셔츠를 입고 넥타이를 매고 양복을 입고 출근하면 마치 회사에 나가는 샐러리맨이 된 것 같은 느낌을 받곤 했었습니다. 판매하는 물건이 비싼 귀금속이다 보니 아무래도 고객에게 깔끔한 이미지를 줄 수 있는 하얀 와이셔츠가 가장 효과적인 옷이라는 생각이 듭니다. 깔끔함과 편안함을 주는 옷이야말로 귀금속을 판매하는 옷차림으로는 제격인 듯합니다. 내가 입은 옷에 신경 쓰지 않고 고객과의 상담에 집중할 수 있는 그런 옷이 하얀 와이셔츠입니다.

또한 깔끔함에 부담도 없습니다. 깔끔한 성격인 제게도 안성맞춤인 하얀 와이셔츠입니다. 언젠가 고객과 상담 중에 머리카락이 얼굴 쪽으로 흘러내려 상담이 신경 쓰였던 경우가 있었습니다. 그래서 그때부터 무스와 스프레이로 깔끔하게 머리 손질을 하니 흘러내리는 머리카락은 더 이상 없었습니다. 하얀 와이셔츠를 입고 넥타이를 매고 머리는 올림머리에 한 올 흐트러짐이 없고 깔끔하게 변신했습니다. 이후부터 고객과의 상담에 더욱 집중할 수가 있었습니다. 상담할 때 고객에게 깔끔함과 편안함, 그리고 믿음 또한 드릴 수 있는 분위기가 조성된 듯합니다. 이제는 이런 모습이 자연스럽고 편안해졌습니다.

그래서인지 쉬는 날에 사복은 왠지 저에게 어색함을 주는 옷이 되었습니다. 그런데 관리·유지하기에는 어려움도 따랐습니다. 결혼 전에는 직접 와이셔츠를 다림질해서 입고 다녔습니다. 결혼 후 지금까지 제 하얀 와이셔츠를 다림질해주는 집사람에게 고마움을 이 자리를 빌려 전합니다.

지금은 옷에 신경 쓰지 않아도 되는 종로3가 귀금속상가에서 영업하고 있지만, 사복은 입지 않고 있습니다. 재래시장이라 해도 판매자가 깔끔하고 나이스한 차림이라면 고객은 믿음을 가질 수가 있을 겁니다. 아무 옷이나 입고 고가의 상품을 구매하러 오시는 고객들을 응대하는 건 고객에 대한 배려가 아니라고 봅니다. 고가의 귀금속을 판매하는 판매자의 용모도 그만큼 깔끔하고 단정하고 고급스러운 모습이 되어야 한다고 생각합니다.

벤츠 자동차를 판매하는 직원의 모습은 어떨까요? 깔끔하게 양복을 입고 있는 모습이 아닐까 합니다. 그럼 재래시장에서 야채나 과일을 파는 상인의 옷차림은 어떨까요? 양복을 입고 있을까요? 그런 옷차림은 오히려 고객에게 부담을 줄 수 있을 겁니다. 자신이 하고 있는 일과 옷차림은 매우 중요하다고 봅니다.

31년의 경력과 같은 옷차림으로 지금도 하얀 와이셔츠를 입고 고객을 응대하고 있습니다. 종로3가 귀금속상가는 대부분 편안한 옷차림입니다. 아무래도 시장이다 보니 편안함을 추구하는 듯합니다. 좋은 옷,

비싼 옷을 입으라는 얘기는 아닙니다. 그저 깔끔하고 단정하게 입어야 한다는 것입니다. '입은 거지가 얻어먹는다'는 말처럼 구걸하는 거지도 깔끔해야 밥이라도 얻어먹을 수 있다는 얘기가 될 겁니다. 그렇다고 그저 외모에만 집중하라는 얘기는 아닙니다. 외모보다는 실속이 더 중요한 건 사실입니다. 오해가 없으시길 바랍니다.

출근 준비를 하려고 옷장을 열면 보이는 건 집사람이 잘 다림질해놓은 하얀 와이셔츠가 저를 반기고 있습니다. 뜨거운 여름에도 추운 겨울에도 늘 변함없이 입고 출근을 합니다. 와이셔츠를 입어야만 왠지 편안한 마음과 안정된 기분이 듭니다. 그래야만 고객과의 상담에도 집중할 수 있습니다.

저는 긴팔 와이셔츠만 입습니다. 봄, 여름, 가을, 겨울 모두 똑같이 입습니다. 긴팔 와이셔츠는 제 나름의 정장의 의미가 있기도 합니다. 반팔은 아직 한 번도 입어보지 않았습니다. 31년의 지난 세월 동안 고객을 응대하는 제 모습은 한결같았습니다. 31년의 세월을 한 우물만을 파왔다는 것도 한결같음을 뒷받침하기에 충분할 겁니다. 한결같은 저를 바라보고 찾아주는 고객들도 많이 계십니다.

장사는 잘하지는 못 합니다. 장사꾼이 아니기 때문입니다. 그렇지만 고객을 대하는 기본 매너는 잘 알고 있습니다. 앞으로도 매장에서 하얀 와이셔츠와 넥타이를 맨 제 모습은 계속 보실 수 있을 겁니다. 고객들의 사연과 감동과 애피소드가 담겨 있는 하얀 와이셔츠입니다. 제게도 의미는 남다릅니다. 희로애락과 31년의 역사가 담겨 있습니다. 그 사연을 담기에는 이 한 권의 책으로도 부족한 듯합니다. 오늘도 하얀 와이셔츠를 입고 넥타이를 매고 영업하고 있습니다. 깨끗함과 순수함, 신뢰와 믿음을 가지고 있습니다. 귀금속은 고가의 물건입니다. 구매하는 고객의 마음을 편안하게 해드릴 수 있는 옷이 하얀 와이셔츠입니다. 수영하는 데 수영복을 입어야 하는 것처럼, 일에 맞는 옷차림이 있습니다. 음식을 만드는 주방장의 깔끔한 하얀 가운도 이유가 있을 겁니다. 항상 흐트러짐이 없는 몸과 마음으로 고객의 믿음과 신뢰를 지켜드리기 위해 노력하는 모습을 보여드리도록 노력하겠습니다.

고객의 마음을 잡아라

무슨 장사를 하든지 잘하는 사람들이 있습니다. 항상 고객들로 북적이고 단골 고객이 많이 찾아옵니다. 말 수완이 좋은 사람들이 대부분 단골 고객을 많이 확보하고 있는 듯합니다. 말 수완으로 고객의 기분을 잘 맞춰주기 때문입니다. 또한, 음식 장사는 좀 넉넉한 서비스가 있어야 고객이 많이 찾아갑니다. 가끔 식구들과 함께 가는 무사 스시집이 있습니다. 이곳에 가면 넉넉한 서비스가 있습니다. 직원들도 친절하고 음식 맛도 아주 훌륭합니다. 이곳 사장님은 고객과 말을 자주 나눕니다. 고객의 소리에 귀 기울이고 함께 세상 살아가는 이야기를 하곤 합니다. 그래서 그런지 왠지 친근감이 생겨 자주 찾게 되는 듯도 합니다.

장사할 때 저는 말 수완은 없습니다. 말 수완이 없으니 말수도 적습니다. 그저 할 말만 합니다. 장사를 잘한다는 건 어렵지 않습니다. 항상 고객의 입장에서 생각하고 고객의 기분으로 생각하면 됩니다. 그렇지만 말처럼 쉽게 되지는 않을 겁니다. 순금 한자 반지 5돈으로 제작 후 고객에게 배송하기 위해 인증샷을 찍고 있는데, 정면 한쪽에 아주 작은 흠이라 하기도 좀 그런 곳이 제 눈에 들어온 겁니다. 그냥 스쳐 지나갈 수도 있는 부분이기도 했습니다. 그러나 저는 이대로 고객에게 보내드릴 수는 없었습니다. 고객이 까다롭든 까다롭지 않든 그저 깔끔한 상태로 보내드리고 싶었습니다. 고객의 기분이라면 어떻게 들었을까를 생각하게 되었습니다. 그래서 공장에 다시 깔끔하게 처리를 해달라고 올려보내게 됩니다. 그런데 공장에서는 이 정도 가지고는 다시 해줄 수 없다며 그냥 다시 내려보냈습니다. 당황할 시간도 없이 할 수 없이 다른 공장을 찾아 돌아다녀야 했습니다.

종로3가 제가 있는 곳은 총판과 공장이 함께 있는 곳입니다. 다른 공장을 찾아가 사정 얘기를 하고 부탁을 드리니 흔쾌히 수정해주셨습니다. 배송 마감 시간이 다 되어 얼른 인증샷을 찍어 배송해드리게 되었습니다. 기분 좋은 마무리를 할 수 있게 도와주신 공장 사장님께 다음 날 박카스 한 상자를 고마웠다는 말씀과 함께 드리고 왔습니다. 깔끔한 순금 한자 반지를 받아보신 고객의 기분은 얼마나 좋으셨을까요? 고객은 저를 믿고 찾아주십니다. '믿는 도끼에 발등 찍힌다'는 속담은 절대 일어나지 않습니다. 저도 사람이다 보니 바쁘게 일을 하다 보면 순간순간 게으름이 찾아오기도 합니다. 그렇지만 고객의 입장을 생각한다면 절대 게으름을 피울 수는 없을 겁니다. 순간의 게으름에 고객은 말없이 떠날 수 있다는 사실을 결코 잊어서는 안 됩니다. 말없이 떠난 고객은 다시 돌아오지 않습니다. 물론 제게서 말없이 떠난 고객도 있을 겁니다. 그런 고객을 생각해서라도 항상 고객의 입장과 기분을 생각하는 것을 소홀히 하지 않기 위해 꾸준한 노력을 할 것을 다짐해봅니다.

순금반지가 5돈이면 중량이 정확하게 18.75g으로 나와야 합니다. 그런데 어느 날 18.74g이 나오기도 하고 18.75g이 나오기도 하는 겁니다. 몇 번을 다시 달아도 마찬가지의 중량이 확인되었습니다. 왔다갔다한다는 건 약간 모자라기 때문입니다. 아주 미세한 중량이라고 볼 수 있습니다. 공장을 다시 보내니 중량을 추가하기 어려워 새로 제작해야 한다는 얘기를 듣고 고객에게 상황을 말씀드리게 되었습니다. 다시 일주일을 기다려야 했기에 죄송스러운 마음이 들었습니다. 만약에 이대로 그냥 보내드렸는데 고객이 동네 금방에 가서 중량 확인을 하셔서 중량이 미세하게 빠진 사실을 아셨다면 큰 실망을 하는 동시에 믿을 곳 없다는 말씀을 하시며 말없이 제게서 떠났을 것입니다. 혹시 확인하지 않았다 해도 찜찜한 제 마음은 오래 잊히지 않았을 겁니다. 일주일 후 다시 제작되어 중량을 확인하니 정확하게 18.75g이 저울에서 왔다 갔다 하지 않고 잘 맞게 나왔습니다. 오래 기다려준 고객에게 인증샷을 찍어 보내드리고 배송을 해드렸습니다. 기다리시느라 좀 힘드셨겠지만, 정확한 중량을 확인하셨으니 보람은 있으셨을 겁니다.

영어 이니셜 목걸이를 주문 후 배송받아 착용하다 줄이 끊어져서

A/S를 한 번 해드렸었는데, 또다시 그 부분이 끊어졌다는 연락이 왔습니다. 두 번째 같은 곳이 끊어진 겁니다. 얼마나 죄송스럽던지요. 그래서 세 번째는 끊어진 쪽 체인을 통째로 교체해드리기로 했습니다. 고객 기분으로 생각한다면 A/S가 아니라 새로 교체를 생각하셨을지도 모릅니다. 하지만 고객도 사용하셨던 거라 먼저 말씀하시기 어려운 부분도 있으셨을 거라 생각됩니다. 체인을 교체하고 나니 중량이 살짝 빠졌습니다. 물론 빠진 금값 1만 원은 돌려드렸습니다. 인증샷을 드릴 때 끊어진 체인과 함께 놓고 찍어 보내 새로 교체를 했다는 것을 확인할 수 있으셨을 겁니다.

혹시 모를 고객의 궁금한 점까지 생각한 인증샷입니다. 땜 연결을 해도 표시는 나지 않습니다. 함께 찍은 인증샷이 없었다면 교체했는지 수리했는지는 사실 알 수는 없으셨을 겁니다. 그저 마음으로만 믿고 싶으셨을 겁니다. 고객의 기분까지 생각한 인증샷입니다. 그 후 또다시 끊어진다는 고객의 소식은 더 이상 없었습니다.

고객의 입장에서 생각하고, 고객의 기분으로 생각한다는 말은 쉽습니다. 쉽고도 어려운 것이 고객의 입장과 고객의 기분으로 생각하는 것입니다. 당장 눈앞에 손실은 있을 수 있지만, 훗날 그때의 손실은 몇 배의 이익으로 돌아온다는 사실을 생각한다면 한 번쯤 고객의 입장과 고객의 기분을 생각하게 될 겁니다. 주문한 상품이 예정보다 늦어진다면 꼭 잊지 않고 고객에게 연락을 드리고 있습니다. 고객과의 약속은 생명처럼 생각하고 있고 약속은 꼭 지켜드리려고 하고 있습니다. 항상 일이란 변수가 있게 마련입니다. 이런 부분은 고객도 이해하는 부분입니다. 그렇지만 약속 날짜보다 하루가 늦어졌는데도 아무런 말을 하지 않았다면 고객은 화를 내게 됩니다. 고객이 바라는 건 소소한 겁니다. 늦으면 늦는다는 얘기를 해달라는 겁니다. 고객 감동은 결코 큰 데서 나오지 않습니다. 소소하고 작은 것에서 나옵니다. 항상 고객의 입장과 기분으로 생각하고 노력하면서 실천해가고 있습니다.

꾸준함도 전략이다

고객은 항상 말없이 지켜보고 있습니다. 관심을 가지고 있다는 얘기일 수 있습니다. 언제고 기회가 된다면 구매를 할 수 있다는 것을 염두에 두고 지켜보고 있을 겁니다. 잠재적 고객이라 할 수도 있습니다. 아직 확신이 서지 않아서 지켜보고 있을 수도 있습니다. 블로그만 보고 직접 상품이나 매장을 방문하지 않고 선택을 한다는 것이 결코 쉬운 일은 아닐 겁니다. 빠른 선택을 할 수 있는 성격의 소유자나 아니면 아무 생각 없이 무작정 저지르는 성격이라면 쉬울 수도 있을 겁니다. 그렇지 않은 보통 사람들에게는 쉽지 않은 선택일 겁니다.

어느 날 매장으로 미모의 여성분이 찾아주었습니다. 2년을 지켜보고 오셨다는 고객의 말에 놀라움과 반가움, 설렘까지 드는 상황이었습니다. 한편으로는 부담감이 교차하는 순간이었습니다. 고객이 그동안 생각하고 계셨던 디자인을 꼼꼼하게 살펴보시고 주문하게 되었습니다.

2018년 1월 23일에 블로그에 포스팅한 내용입니다. '2년 동안 스토킹했어요'라는 제목으로 올라온 카페 후기글을 옮긴 내용입니다.

"주원쥬얼리를 우연히 알고 2년 동안 지켜보고 있었어요. 왠지 믿음이 간다고 해야 하나. 신뢰감이 블로그를 보면서도 느껴지더라고요. 그래서 드디어 제가 원하던 제품을 구매했고 오늘 2주 만에 찾았어요. 역시 엄지 척! 너무너무 마음에 들어요. 사장님, 다음에 또 봬요."

소름이 돋는 듯합니다. 2년 동안이나 지켜보고 있던 고객이 블로그를 보다가 믿음과 신뢰가 생기셔서 구매를 결정하게 되었던 것입니다. 우선 제가 고객에게 선택된 것에 가문의 영광으로 생각하고 또한 큰 행운을 잡은 듯합니다.

2년이란 시간은 그리 짧지는 않은 시간이라고 생각합니다. 꾸준하고 한결같은 제 모습을 보시고 여기서 하면 속지는 않겠다는 생각이 들으셨던 것 같습니다. 대단한 고객입니다. 어떻게 2년 동안이나 지켜볼 수가 있었을까요? 아마 저라면 지켜보다가 잊어버렸을 겁니다. 지나는 길에도 쥬얼리샵은 수없이 많이 있었을텐데, 저를 방문해주셔서 감동을 하기도 했습니다. 정말 맘에 들어하시며, 자발적 후기도 올려주셔서 감사드립니다.

2년 동안 지켜보시다 고객이 구매하신 제품은 로즈골드 참 팔찌와 백

조 목걸이와 귀걸이입니다. 고객에게 아주 예쁘게 잘 어울리는 스타일이었습니다. 2년 동안 지켜보시다 구매하셨는데 혹시라도 맘에 들지 않으셨다면, 그 실망감은 2년보다 더욱 크셨을 것 같았습니다. 무엇보다 고객의 마음에 상처를 입게 될 수도 있었을텐데, 그런 일은 일어나지는 않았지만 생각하면 정말 아찔한 일이었다고 생각합니다. 그저 살펴봐주신 고객에게 감사를 드립니다. 언제나 꾸준하고 성실한 제 모습을 보시고 믿음이 생기셨다고 봅니다.

제가 직접 운영하는 블로그는 꾸준한 포스팅과 진정성이 있는 내용으로 많은 고객들이 좋아하고 즐겨 보시고 있습니다. 아마 2년 이상을 지켜보고 살펴보고 계시는 고객도 있을 거라 생각합니다. 지켜봐주는 고객들이 없었다면 저 역시 존재의 이유가 없었을 듯합니다. 언제든 지켜봐주시고 질책도 해주시고 응원도 해주시면 힘 나서 열심히 달릴 수 있을 겁니다. 2년을 스토킹하셨던 고객에게 다시 한번 감사를 드립니다.

2018년 09월 17일에 카페에 올라온 후기입니다.

"예전부터 카카오톡으로 상담해서 구매했는데 구매 도중 카페에 가입했어요. 남편 목걸이 주문 후 받고 약간 짧아 추가 길이를 신청하면서 제 팔찌도 구매했어요. 지인들이 추천해준 목걸이 팔찌라 이름은 모르겠네요. 마침 종각으로 갈 일이 있어 직접 방문했더니, 택배비 2만원을 저한테 주셔서 생각지도 않은 돈이 생긴 듯해 기분이 좋았어요. 귀금속샵은 많이 있지만, 저에게는 신뢰감 있는 샵입니다."

사실 당연한 일을 했을 뿐인데, 이렇게 감동의 말씀을 해주시니 제가 오히려 부끄럽습니다. 택배 배송을 하려다 마침 고객이 종각에 약속이 있어서 오시는 길에 찾아가신 겁니다. 방문하지 않으셨다면 보험 배송비 2만 원은 당연히 지불했을 겁니다. 그러나 방문으로 찾아주셨으니 배송비 2만 원은 서비스로 돌려드려야 하는 게 마땅하다고 생각하고 돌려드린 겁니다. 제가 오지랖이 넓어서가 아닙니다. 고객에 대한 서비스를 생각해서입니다.

언제나 고객의 입장에서 한 번쯤 생각하고 있습니다. 저라면 이럴 때 어떻게 했을까, 고객의 기분은 어떨까를 생각하면서 답을 찾고 있습니다. 물론 모든 고객이 모두 만족해주시는 건 아님을 염두에 두고 있습니다. 상황에 따라 고객에 대한 서비스도 달라질 수 있습니다. 무조건적인 것은 아닐 겁니다. 1등을 한다는 것이 얼마나 어렵고 힘든 일이라는 건 잘 알고 있습니다. 그렇지만 1등을 지킨다는 것 또한 그 이상 어렵고 힘든 일입니다. 신뢰를 쌓는다는 것 또한 어렵고 시간도 오래 걸리는 일이라고 봅니다. 그렇지만 그 쌓아올린 신뢰가 떨어지는 건 한순간이라는 걸 상기하며 항상 긴장하고 고객들과 만나고 있습니다. 구매한 모든 고객들이 만족해서 웃을 수 있는 순간을 꿈꾸며 한 분, 한 분의 고객에게 최선을 다하고 있습니다.

종로3가에 있는 모든 귀금속매장에서 제일 좋은 곳이라고 말씀드리는 건 결코 아닙니다. 최고를 꿈꾸지는 않습니다. 그저 최선을 다하려

하고 있을 뿐입니다. 화려한 곳도 아닙니다. 그저 소박하고 작은 쥬얼리샵입니다. 고객과 소통하며 고객이 무엇을 원하고 생각하는지를 항상 생각하고 있는 곳입니다. 지금 이 순간에도 고객은 저를 지켜보고 있다는 걸 염두에 두며 그저 최선을 다하는 모습을 보여드리도록 노력하겠습니다.

Jewelry Shop

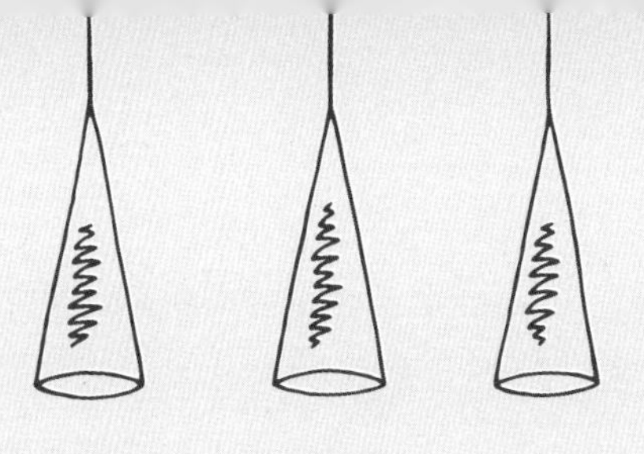

PART

06

작은 가게
경쟁력 높이기

신용은 큰 재산으로 돌아온다

나잇대가 좀 있으신 고객과의 상담 중에는 한때 형편이 어려워 결혼 예물을 모두 팔게 되어 예물이 하나도 없다는 이야기를 하시는 고객들이 계십니다. 그동안 남의 일로만 생각하며 흘려듣고 살아왔는데, 남의 일 같은 일이 8년 전 저에게도 일어나고 말았습니다. 1부 다이아가 들어간 18k 넥타이 핀과 2부가 들어간 다이아 반지를 결혼 예물로 집사람이 해주었습니다. 결혼 후 항상 넥타이핀을 하고 다이아 결혼 반지를 왼손 약지에 끼고 깔끔하게 하얀 와이셔츠를 입고 넥타이를 매고 다닌 지 17년 만에 그것을 팔아서 생활비로 집사람에게 갖다 주고 말았습니다. 참으로 어려운 결심을 하게 된 순간이었습니다.

모르는 사람들이라면 '진열장에 있던 재고 상품도 있었을 텐데, 왜 하필 결혼 예물을 팔게 되었을까?'라고 생각했을 겁니다. 그러나 장사가 잘 안돼 줄어만 갔던 재고를 더 이상 줄일 수가 없어서였습니다. 최후의 수단이었을 겁니다. 줄어만 가는 재고를 하나라도 유지시키기 위한 유지 방법으로 그렇게 하지 않았나 싶습니다. 17년을 항상 같이했던 결혼예물을 형편이 어려워 처분하는 심정은 가슴이 쓰라린 정도보다 더한 통증을 느낄 수 있었습니다. 가슴이 답답해 터질 듯한 고통을 새기며 처분해야 했습니다. 다른 장사도 아니고 귀금속을 하는 제가 고객에게 물건을 팔아 이윤을 먹고 사는 게 아닌, 결혼 예물을 처분해서 생활비로 썼다는 얘기를 들어보셨나요? 8년 전 저에게 일어났던 현실이었습니다. 넥타이핀과 다이아 반지를 팔은 돈은 얼마 안 되는 적은 돈이었습니다. 매월 말일이면 상가 임대료를 미루어야 하기 때문에 건물 주인에게 매번 전화해서 사정 얘기를 하고 미루기를 반복했던 참으로 속 타는 일이 반복되고 있었습니다.

종로3가로 매장을 옮긴 후부터는 그저 지나가다 들리는 고객들만을 상대하지는 않았습니다. 백화점에 있을 때부터 해오던 예식장 영업을 서울 전 지역에 있는 예식장으로 영업 지역을 넓혀 두 달에 한 번씩 직접 명함을 들고 예식장 예약실의 문을 두드렸었습니다. 결혼을 약속한 예비 신랑, 신부가 상견례 후 가장 먼저 준비를 하는 곳이 바로 예식장 예약하기입니다. 그런 예비 신랑, 신부에게 예물을 소개해달라는 영업이었습니다. 쉽지 않은 영업이었습니다. 5년 동안 얼굴 도장 찍으며 영업을 갔던 예식장이 어느 날 폐업했을 때는 참으로 허무하기도 했습니다. 언제고 계약이 될 거란 희망을 가지고 꾸준히 얼굴 도장 찍으러 갔던 곳이었는데 말입니다. 서울 전 지역에 있는 예식장 예약실 직원을 하셨던 분이시라면 아마도 저를 기억하는 분이 아직도 계실 거라 생각됩니다. 성실한 영업 덕분에 몇몇 예식장에서 예비 신랑, 신부를 소개받아 결혼 예물 판매를 했었습니다. 예식장 소개를 받고 찾아오는 예비 신랑, 신부가 그때는 얼마나 반가운 고객이었는지 모릅니다. 그러나 그것만으로는 형편이 좋아지지는 않았습니다. 재고는 계속 줄어만 갔습니다. 더 이상 버틸 힘이 없었습니다. 25년 동안 몸담아왔고, 한 우물만 파왔던 귀금속업을 그만둬야 할 상황까지 가게 되었습니다. 백화점에 있을 땐 백화점에서 알아서 홍보나 마케팅을 해주니 별다른 노력 없이도 매출은 있었고, 유지해나갈 수 있었습니다. 그러나 종로3가 오픈상가로 매장을 옮긴 후에는 예식장 영업 외에는 아무것도 할 수 있는 게 없었습니다. 쉰을 갓 넘어선 나이에 사업 실패를 인정하기 힘들었습니다. 그보다 다른 일은 해보지도 않아 아무런 대책도 세울 수가 없었습니다. 하루하루가 참으로 고통스러운 나날이었습니다. 집 가까운 곳에 작은 동산이 있습니다. 답답한 마음을 풀어보고자 출근 전 작은 동산 위에 올라가 고함이나 악을 외치며 스트레스를 조금이나마 풀었던 일이 생각나기도 합니다.

그러다 우연한 기회에 블로그를 알게 되었습니다. 쉰이 넘은 나이에 아무것도 모르고 뛰어들고 말았습니다. 물에 빠진 심정으로 지푸라기라도 잡을 수 수 있을까 하는 막연한 마음으로 아무것도 모르던 제가 블로그를 시작했습니다. 컴퓨터를 켜고 끄기 정도만 할 줄 알았던 사람이 말입니다. 블로그를 시작한지 3개월 동안은 블로그도 그리 신통치 않은 상태였고 줄어만 가는 재고를 더 이상 줄일 수 없는 상황까지 오게 되었었습니다. 그렇게 한 가닥 희망이 있을 거라는 제 긍정적 마인드도 점점 기운을 잃어가고 있었습니다. 그러나 죽음을 코앞에 두고 있는 상황에서 무엇이 두려웠겠어요. 무서울 것도 두려울 것도 없이, 그저 한번 살아봐야겠다는 생각뿐이었습니다.

그런데 블로그를 시작한 지 3~4개월이 지나갈 때부터 갑자기 고객들이 하나, 둘씩 찾아오기 시작했습니다. 어느 날 20대로 보이는 커플이 블로그를 보고 커플링을 하러 방문해주었습니다. 그러나 줄어든 재고에 보여줄 만한 커플링이 없었습니다. 그래도 그동안 장사해오며 신뢰를 잃지는 않았던지 거래해오던 총판 거래처로 달려가 사정 얘기를 하니 선뜻 심플한 커플링 20~30세트를 아무 조건 없이 빌려주는 것이었습니다. 서비스판 위에 올려놓은 20~30세트의 커플링을 갖고 매장에서 기다리고 있는 커플 고객에게 달려와 보여드리고 거기에서 주문을 받게 됩니다. 참으로 기적 같은 일이 눈앞에서 일어나고 있었습니다. 몇 개 안 되는 커플링을 보고 거기에서 선택해주신 그때의 고객들에게 그저 감사한 마음을 전하고 싶습니다. 하루에도 그와 같은 상황은 몇 차례씩 생겼습니다. 때로는 달려가서 빌려온 커플링을 그냥 돌려줄 때도 있었습니다. 미안한 마음이 들었지만 살기 위한 몸부림을 치고 있는 상황이라 얼굴에 철판을 깔아야만 했었습니다. 그 후 계속 찾아오는 고객들로 하루하루 바쁘게 지내게 됩니다. 바쁘다 보니 재고가 하나둘

씩 늘어가기 시작했습니다. 제가 있는 오픈상가에 사람들은 그 모습을 말없이 지켜보고 있었습니다. 아마도 곧 폐업하겠다고 생각하고 있었을 텐데, 다시 일어나는 모습을 보고 아마 놀라는 마음과 시샘하는 마음이 교차했을 거라 생각이 듭니다. 이제는 줄었던 재고가 모두 채워져 있습니다. 그때보다 오히려 재고는 늘어났을 겁니다. 제 삶을 풍요롭게 해준 고객들에게 감사의 말씀을 드립니다. 고객들이 아니었다면 지금 이 글을 써내려가는 일도 생기지 않았을 겁니다.

고객과 함께 소통하는 영업

즐거움을 담고 뜻 있는 추억을 간직하고자 할 때 보통 쥬얼리를 많이 생각합니다. 아무래도 소중한 추억을 기념하고자 소중한 금 제품을 선호하는 것 같습니다. 금 제품은 변하지 않는 특성이 있고 가치가 있다는 매력 또한 가지고 있어서일 겁니다.

연인끼리는 커플링이나 커플목 걸이에 사연을 담고, 가족끼리는 가족 반지, 가족 팔찌에 가족 사랑을 담으려 합니다. 서로의 이니셜을 넣어 사랑을 확인하는 증표를 남기기도 하고, 가족 반지에 가족의 이름을 넣어 사랑을 더욱 튼튼히 지켜주는 역할로 하기도 합니다.

저에게는 고객의 사연이 담긴 쥬얼리가 많이 있습니다. 결혼기념일에 부인에게 깜짝 선물로 순금 링반지 2돈을 준비한 남성 고객, 결혼기념일을 자축하고자 부부가 함께한 순금 용반지 커플링, 남편의 생일 선물로 순금목걸이 10돈짜리를 깜짝 선물로 준비한 고객, 절에 다니시는 엄마에게 염주 팔찌를 선물한 딸, 사랑하는 아기에게 발 도장을 넣어 소중한 돌 선물을 한 엄마, 한 해 동안 고생한 자신에게 주는 위로의 선물로 순금 목걸이를 선물한 실속 있는 고객, 성년의 날 딸에게 영문 이니셜 목걸이를 선물한 아빠, 그리고 남자친구의 생일을 축하하며 준비한 커플 한지 이니셜 목설이도 있었습니다.

모두 즐겁고 소중한 추억을 만들고자 준비한 쥬얼리입니다. 하지만 슬프고 가슴 아픈 사연이 담긴 쥬얼리도 있었습니다.

2017년 09월 26일 '14k 뱅글 팔찌에 담은 가슴 아픈 사연의 가족 팔찌'란 제목으로 올라왔던 글입니다. 상담 시 고객의 문자를 보고 가슴 뭉클함을 느끼면서 상담해드렸던 기억이 납니다. 남편이 갑작스러운 사고로 세상을 떠났고, 딸 둘과 힘내보자는 의미로 뱅글 팔찌에 남은 가족 본인과 딸들의 이름을 각인해서 차고 다니려고 하신다는 고객의 가슴 아픈 사연입니다. 상담하는 내내 무거운 마음이었지만, 그래도 용기를 내는 고객의 가족을 생각하니 무거운 마음보다는 최선으로 준비해드려야겠다는 책임감이 들었습니다. 이 슬픈 사연을 보고 형과 엄마, 그리고 저, 세 식구를 두고 일찍 세상을 떠난 저희 아빠가 떠올랐습니다. 제가 4살 때라 아빠의 모습도 기억조차 나지 않습니다. 홀로 두 아들을 키워오신 엄마를 생각하게 했습니다. 이제는 쑥스럽지 않게 말씀을 드리게 되었네요. 저도 어느덧 쉰 중반의 나이의 두 아이의 아빠가 되어 있으니 말입니다. 고객의 처지가 제 상황과 같아 더욱 가슴 아프지 않았나 싶습니다.

2018년 2월 6일에 올라온 애틋한 사연이 담긴 '불교 반지, 반야심경 반지' 제목의 내용입니다.

'얼마 전 아빠가 갑자기 돌아가셔서 엄마가 너무 힘들어하셔서, 엄마하고 막냇동생과 저, 이렇게 셋이서 반야심경 반지 13호 하나, 옴마니반메훔 반지 13호, 12호 이렇게 주문하고 싶다'는 문자 메시지를 받았습니다. 이 또한 가슴 뭉클한 사연의 내용입니다. 정말 애틋한 사연이 담긴 불교 반지입니다. 가족끼리 힘내자는 의지를 담았습니다. 힘내시고 당당하고 멋지게 살아가세요. 누구나 사연은 가지고 있습니다. 어떻게 극복하는가에 따라 불행이 행복으로 바뀔 수도 있습니다.

2017년 1월 21일에 올라온 '십자가 목걸이, 18k 여자 목걸이 세 개를 함께한 사연'이란 제목입니다. 결혼하는 딸에게 형편상 어려워 예물하나 준비를 못 해준 엄마의 정성과 사랑이 담긴 십자가 목걸이가 있었습니다. 똑같은 모양의 십자가 목걸이 세 개를 카카오톡으로 문의해주셨습니다. 시집을 보내는 친정 엄마의 문의였습니다. 하나는 딸의 결혼선물로, 하나는 시어머니에게, 또 다른 하나는 본인이 결혼하는 딸의 행복을 기도하는 의미로 준비하셨습니다. 형편이 어려워 생략한 결혼예물이 자꾸 눈에 밟혀서 준비한 친정엄마의 사랑이 담긴 십자가 목걸이입니다. 아낌없이 줄 수 있는 게 부모입니다. 조건 없이 줄 수도 있는 것도 부모입니다. 하지만 주고 싶어도 줄 수 없는 부모의 마음은 매우 아플 거라 생각이 듭니다. 저도 두 딸을 키우는 부모의 입장이라 충분히 이해가 되는 사연입니다. 시집간 딸의 기억 속에 결혼 선물로 준비해주신 친정엄마의 십자가 목걸이는 영원히 함께 추억으로 남을 겁니다.

2018년 4월 6일에 올라온 '종로3가 귀금속상가에서 잃어버린 추억을 찾다'라는 제목의 사연입니다. '예전에 아빠가 해준 목걸이 일로 사장님께 상담해드린 적이 있습니다. 그때 갑자기 아빠의 병이 악화해 1년이 경황없이 지나가고 며칠 전 아빠가 영면하셨네요'라는 내용의 카카오톡이 미국 버지니아에서 날아왔습니다. 이 또한 가슴 애틋한 사연이 아닐 수 없었습니다. 여대생 때 아빠가 선물한 큐빅 목걸이를 찾아달라는 내용이었습니다. 아빠가 처음이자 마지막으로 해주신 선물을 잃어버리셨다는 말씀을 주셨습니다.

아버지가 돌아가시자 더욱 애틋하게 찾고 싶었던 고객은 인터넷에서 어렵게 사진 한 장을 찾아 보내주었습니다. 오래전 한참 유행했던 큐빅 메달이었습니다. 지금은 아마도 누구도 찾지 않게 된 오래된 디자인입니다. 종로3가에는 수많은 총판이 있는 곳입니다. 나올 만한 곳을 구석구석 찾아다녔습니다. 얼마 안 돼 고객이 원하시는 디자인을 찾아내었습니다. 사진을 찍어 카카오톡으로 보내드리고 확인했습니다. 다행히도 고객은 모두 기억하고 계셨습니다. 원하시는 대로 준비해서 미국 버지니아로 배송해드렸습니다. 잃어버린 추억을 다시 찾으신 고객에게

축하드린다는 말씀을 드렸습니다. 고객 마음속에 아빠에 대한 그리움이 많이 자리하고 있으셨나 봅니다. 여대생 때 아빠가 선물한 14k 큐빅 목걸이를 다시 찾으셨으니 이제는 오래오래 잘 착용하고 다니세요. 아마도 하늘나라에 계시는 아버지도 이런 사실을 아신다면 흐뭇해하셨을 겁니다.

희로애락의 사연이 담긴 쥬얼리입니다. 누구에게는 기쁨이, 또 다른 누구에게는 슬픔이 담긴 사연이 있습니다. 고객의 기쁨을 함께 나누며 기뻐할 수 있어 좋았습니다. 고객의 슬픔을 함께 나누며 슬퍼할 수 있어 행복했습니다. 언제나 고객과 함께 웃고, 고객과 함께 울 수 있는, 고객과 함께하는 곳, 작은 쥬얼리샵의 주인장입니다. 언제나 뭐든 함께하면 행복할 수 있습니다. 언제나 고객과 함께하는 곳입니다.

재구매는 단골 고객이 된다

어디를 가나 첫인상이 매우 중요한 듯합니다. 처음 가 본 음식점에서 식사하고 나중에 또 생각나 언젠가 다시 찾아가는 곳, 그런 곳은 언제나 사람들이 북적이곤 합니다. 직원을 구할 때도 첫인상은 매우 중요합니다. 첫인상이 좋으면 왠지 부담이 없고, 일하다가 조금 실수한다 해도 별일 아닌 듯 흘려 지나갈 수도 있습니다.

하지만 첫인상이 별로였다면 하는 일마다 유심히 지켜보며 작은 실수에도 신경 곤두세우고 지켜볼 거라 생각됩니다. 제가 운영하는 작은 쥬얼리샵에는 재구매로 다시 찾는 고객들이 참 많이 있습니다. 그것도 매장 한 번 방문하지 않고 멀리 지방에서 카카오톡 상담으로 구매해주는 고객들입니다.

얼굴도 보지 않고 물건도 보지 않고 구매합니다. 한번이 두 번 되고 두 번이 세 번, 네 번으로 이어지는 재구매가 있는 곳입니다. 무엇이 있길래 그럴까요? 14k, 18k는 전국 어디를 가나 똑같은 금인데 말입니다.

종로3가에서 가까운 광장시장에 마약김밥을 드셔보셨나요? 맛있습니다. 먹고 나면 또 먹고 싶어지는 김밥입니다. 그래서 이름도 마약 김밥이라는 별명이 지어진 듯합니다. 언제나 사람들로 북적이고 전국에서 찾아오는 곳으로 유명한 마약김밥입니다. 제가 운영하는 작은 쥬얼리샵은 그 정도로 유명하지는 않습니다. 그러나 제가 열심히 하는 만큼 유명해질 수도 있는 곳입니다. 재구매를 해주신 고객들을 전부 소개할 수 없어 그저 죄송스럽게 생각합니다.

경북 칠곡군에 계시는 고객도 얼굴 한 번 뵌 적은 없었는데, 패션 세트에, 커플링에 그 외 많은 품목을 구매해주었습니다. 기회가 있으실 때면 언제나 잊지 않고 찾아주시는 단골 고객입니다. 얼굴 한 번 보지 않고 수차례 꾸준한 재구매를 해주신 칠곡군에 계시는 고객도 오랜 단골 고객입니다. 평택의 고객도 재구매를 많이 해준 고객 중 한 분입니다. 패션 쥬얼리로 팔찌, 반지, 목걸이 등을 여러 차례 구매해주시다 결혼 예물까지 준비한 고객은 결혼 이후에도 꾸준히 찾아주고 있습니다.

가끔 차를 몰고 평택에서 종로3가까지 혼자 달려오시는 고객, 그분의 손을 보면 여러 개의 팔찌와 반지들로 블링블링했습니다. 결혼 후 신랑과 함께 달려와 주는 평택 고객이십니다. 18k 또는 순금을 좋아하시는 고객, 언제나 잊지 않고 찾아주셔서 감사드립니다. 저와 인연을 맺고 1년 동안 네 번째 재구매를 해준 인천에 있는 고객은 유난히 팔찌를 좋아하십니다. 첫 번째는 패션 2줄 목걸이와 팔찌를, 두 번째는 가벼운 스타일에 패션 팔찌를, 세 번째는 순금반지로 클로버 모양의 목걸이와 반지, 그리고 순금 참팔찌를, 네 번째는 블랙 큐빅이 들어간 뱅글 팔찌를 재구매해주었습니다. 1년 동안 네 번째 폭풍 재구매를 해주신 인천 고객과의 소중한 인연 오래오래 간직하겠습니다.

그리고 김해시에 있는 고객은 아마도 제 블로그 후기 소개 글이 가장 많이 올라가 있지 않을까 생각됩니다. 언제부터인가 저와 인연을 맺은 후부터 남편의 생일, 본인의 생일이나 기념일이 있을 때면 쥬얼리를 좋아하는 고객이시라 언제나 저를 찾아주십니다. 얼굴은 직접 뵌 적은 없지만, 카카오스토리와 페이스북에서 자주 소식을 접하고 있어 왠지 낯설지만은 않은 고객입니다.

재구매로 이어지는 구매가 많다면 장사를 하는 저로서는 더 이상 바랄 게 없습니다. 무엇이 있어 두 번, 세 번, 네 번 재구매가 이루어지는지는 잘 모르고 있습니다. 그저 생각하기에는 정직하고 한결같음과 진정성, 그리고 중량 정산 환급제로 투명하고 합리적인 가격이 있기 때문이라고는 생각합니다. 그렇다고 제가 특별히 잘나서는 아닙니다. 그저 최선을 다하는 모습을 보여드리다 보니 고객들이 많이 찾아주는 것 같습니다. 어쩌면 어느 순간에 고객들은 등을 돌릴 수 있게 될 수 있습니다. 그것은 제가 앞으로 어떻게 하는가에 달려 있다고 봅니다. 지금처럼 최선을 다해 고객들에게 보답을 드리지 않는다면, 어느 순간 고객들은 저를 떠날 것으로 생각합니다. 신뢰를 쌓기란 어려워도 무너지는 건 순식간이라는 말이 있습니다. 항상 가슴에 새기며 고객들을 생각하겠습니다.

고객이 다시 찾는 곳은 그만 한 이유가 있어서일 겁니다. 반대로 고객이 떠나가는 곳 또한 그만 한 이유가 있어서일 겁니다. 때론 가장 냉정한 것이 고객입니다. 왜 그럴까요? 바로 자신의 비싼 돈을 주고 구매하기 때문이라고 봅니다. 내 돈을 쓰고 구매하는 데 조금이라도 불편하다면 누가 그곳을 갈 수 있을까요? 아마도 어쩌다 한 번 정도는 구매할 수는 있어도 재구매까지는 일어나지 않을 겁니다. 마음이 와 닿지 않으면 재구매는 이루어지지 않는다고 봅니다. 그러니 재구매란 쉬운 것만은 아닙니다.

물론 저에게서 떠나간 고객들도 있을 거라 생각됩니다. 그래도 아직 재구매 고객들이 많다고 생각하고 있습니다. 하지만 떠나간 소수의 고객도 있다는 사실을 항상 염두에 두며 지금보다 더욱 신경을 쓰고 최선을 다하는 영업 운영을 다짐해봅니다. 언제나 초심을 잃지 않는 마음가짐으로 믿고 찾아주는 고객들에게 조금이나마 보답을 드릴 수 있는 건 최선을 다하는 모습을 보여드리는 거라 생각합니다. 31년 한 우물을 파왔듯이 인내심과 꾸준함을 가지고 있습니다. 아는 게 달리 없어 요령도 피울지 모르는 사람입니다. 재구매로 다시 찾는 고객들에게 항상 감사의 마음을 전합니다.

고객이 찾아오는 작은 가게

성격이 꼼꼼한 것과 전문가는 다르다? 성격이 꼼꼼하다고 해서 무조건 전문가라고는 볼 수 없습니다. 전문성이 있다는 건 그만큼 세월의 경력이 붙었다고도 볼 수 있습니다. 서당개 3년이면 풍월을 읊는다 했습니다. 31년 한 우물을 파고 있는 저는 산전수전, 공방전, 수중전까지 경험했다고 한다면 대단한 실력자라고 볼 수도 있을 겁니다. 게다가 성격까지 꼼꼼합니다. 전문성과 꼼꼼함까지 가지고 있습니다. 매장에서 구매한 고객에게는 바로 앞에서 포장해드립니다. 빠르고 정확하게 포장하는 모습을 보고 모두 놀랍니다. 오랜 시간 포장 경험이 있어 빠르고 정확한 것일까요? 꼭 그렇지만은 않습니다. 예전에 선배가 가르쳐 준 포장 방법을 그대로 익히고 쭈욱 해왔기 때문일 겁니다. 연습도 많이 해보았던 기억이 납니다.

무슨 일을 하더라도 프로 같은 움직임은 상대로 하여금 믿음과 신뢰를 줄 수 있습니다. 아마 여러분들도 살면서 가까이에서 늘 경험하고 있을 듯합니다. 그런 모습에는 남다른 노력도 있었을 거라 봅니다. 얼마 전 고객에게 한 통의 전화가 왔습니다. 이것저것 문의를 주시며 하시는 말씀이 생각납니다. 종로3가에 귀금속점은 많지만, 블로그를 살펴보니 제일 꼼꼼한 것 같아 문의했다고 수일 내에 방문한다고 하셨습니다. 고객의 한마디에 기분 좋은 하루를 보낸 날이었습니다. 제 블로그에 꼼꼼함이 있었나 봅니다. 꼼꼼하기보다는 정확하다고도 볼 수 있습니다. 상담 시에도 꼼꼼한 상담으로 고객이 원하는 것이 무엇인지를 생각하고 체크합니다. 그래야만 주문하신 제품이 완성 후 고객님 맘에 잘 들게 될 수 있습니다. 고객이 만족하고 감동하셔서 후기를 보내주실 때가 가장 보람되고 흥이 나는 때라고 할 수 있습니다.

쥬얼리는 섬세하기도 합니다. 디테일함이 있습니다. 정확성이 떨어진다면 고객의 발길도 멀어질 거라 생각합니다. 공장에 주문이 잘 들어가야 잘 나옵니다. 잘못 나오기라도 한다면 바로 손해 비용이 발생하게 됩니다. 요즘 뱅글 팔찌가 유행을 타고 있습니다. 뱅글 팔찌에는 각인이 들어갑니다. 본인의 이름이나 가족의 이름을 영문으로 새겨 넣어 소중한 추억을 간직하는 고객들도 많이 있습니다. 제가 직접 레이져 마킹을 하는 건 아니지만, 꼼꼼한 상담으로 멋진 작품이 나올 수 있도록 도와드리는 역할을 합니다. 주문하신 제품이 공장에서 출고하면 검품합니다. 고객이 주문한 그대로 나왔는지를 살피고 중량 정산 확인을 한 후 저울에 올려놓고 중량이 나온 대로 인증샷을 찍습니다. 그리고 제품의 정면, 위, 아래, 양쪽 옆, 안쪽, 뒤까지 보이는 모든 부분을 찍습니다. 바로 고객이 궁금해하는 부분이기 때문입니다.

고객은 꼼꼼한 곳으로 찾아갑니다. 그곳이 어디든 상관이 없습니다. 그곳에 가면 고객이 원하는 뭔가가 있어서일 겁니다. 제가 꼼꼼하니 저보다 더 꼼꼼한 고객이 찾아옵니다. 상담 시 제가 땀을 흘릴 때가 바로 이런 때가 아닌가 싶습니다. 아마도 다른 곳에서는 상담이 원활하지 않아 저를 찾아주셨을지도 모릅니다. 하지만 최선을 다해 상담하면 꼼꼼한 고객들도 기분 좋은 상담이 되었을 거라 봅니다. 쥬얼리는 금이 들어가다 보니 가격이 만만치는 않습니다. 웬만한 믿음과 신뢰가 없는 곳이라면 고객은 찾아가지 않습니다. 꼼꼼함이 저에게는 좋은 무기일 수 있습니다. 저와 한 번쯤 거래해보셨던 경험이 있으신 분들은 알고 계실 거라 생각됩니다. 어찌 보면 지금 하는 일이 저에게는 천직이라 할 수 있을 정도로 잘 맞는 직업이라는 생각이 들기도 합니다. 귀금속을 다루는 직업이다 보니 섬세함과 정확성과 꼼꼼함은 기본이 되어야 할 듯합니다.

다양한 상품 구성의 노하우

요즘은 누구나 온라인 구매를 할 수 있는 시대입니다. 참 편리해졌습니다. 제가 운영하고 있는 블로그의 방문 연령대는 13~18세가 남자 0.9%, 여자 1.3%, 60세 이상이 남자 1.6%, 여자 0.9%. 이렇게 2018년 9월14일 22시 08분 기준으로 확인되었습니다. 참고로 하루 방문자 2,000명 선의 블로그입니다. 30대가 가장 많았고, 20대와 40대는 비슷한 방문자 수로 30대의 뒤를 바로 쫓는 것으로 분석되었습니다. 이렇게 자료를 근거로 보니 모든 연령대가 찾고 있는 걸 알 수 있습니다.

남녀노소 가리지 않고 편하게 찾아올 수 있는 종로3가에 있는 작은 쥬얼리샵입니다. 다양한 연령대가 찾는 곳이라면 다양한 제품 구성이 있다는 것을 의미한다고 볼 수 있습니다. 다양한 상품 구성으로 소비자의 욕구를 채워드릴 수 있는 곳입니다. 무에서 유를 창조하는 마인드를 가진 저도 있습니다. 특정 상품으로 특정인만 찾는 곳은 아닙니다. 말 그대로 누구나 찾을 수 있는 편안한 곳입니다. 그리고 가격이 저렴합니다. 거품 없는 가격대로 부담 없이 상담할 수 있는 곳이기도 합니다. 가격은 백화점 가격의 3분의 1 정도로 가성비가 높습니다. 그러나 싼 게 비지떡이란 말은 어울리지 않습니다. 퀄리티는 백화점입니다. 제품은 높은 퀄리티로 가격은 거품 없는 가격으로 믿고 구매할 수 있는 곳입니다.

그럼 10대가 찾는 건 어떤 상품들이 있을까요? 바로 미녀와 야수 커플 반지입니다. 물론 20대가 더 많이 찾고는 있습니다만, 연령대가 조금 낮아진 듯도 합니다. 미녀와 야수의 캐릭터가 들어가 있고 기념일이나 이니셜을 새길 수 있다는 매력이 있는 반지입니다. 반지의 양쪽 면에 서로의 이니셜을 새겨 넣어 공감대를 나누는 하나의 증표로 삼는 의미를 줄 수 있어 10~20대가 가장 많이 찾고 있는 베스트셀러 커플링입니다. 용돈과 알바해서 모은 돈으로 여자친구와 미녀와 야수 커플 반지를 맞춘 10대 고객도 있었습니다.

남자친구와 1주년 기념으로 서프라이즈를 준비하신 20대 여성분도 계셨습니다. 어느 날 매장으로 혼자 방문해서 상담했는데, 남자친구의 반지 호수를 모르고 계셨습니다. 1주년 기념으로 서프라이즈하는데 호수가 맞지 않아 당황하게 된다면 참으로 난감하게 될 수 있습니다. 잠시 생각해보다가 아이디어를 냈습니다. 약간의 쇼맨십을 해보라는 이야기를 해드렸습니다. 길을 가다 쥬얼리 매장이 있으면 그냥 구경이나 해보자며 남자친구와 반지 구경을 하면서 그곳에 있는 아무 커플 반지를 껴보고 느낌만 알아보고 알려달라고 했습니다. "그곳에 아무 반지가 잘 맞으셨다면 호수는 17호 또는 18호가 맞습니다. 18호 쪽이 더 가깝긴 합니다. 왜냐하면 모든 반지는 성인 기준 보통 호수로 17호 또는 18호로 견본품을 만들고 있습니다. 여자반지는 기본이 12호입니다. 근데 그곳에 아무 반지가 작거나 크면 17호, 18호 이하나 이상이 된다고 보시면 됩니다."

고객이 알아낸 남자친구의 호수는 21호였습니다. 어떻게 센스 있게 잘 알아내셨나 봅니다. 호수가 맞지 않아 수정하게 되면 중량이 약간 자연 손실이 됩니다. 수리 과정에서 빠지는 거라 어쩔 수 없습니다. 호수는 정확하게 재보시는 게 좋습니다. 나중에 번거로움도 피할 수 있습니다.

다행히 서프라이즈에 성공한 후 저에게 카카오톡이 왔었습니다. "어제 좀 늦은 시간이라서 실례일까 봐 연락을 못 드렸어요. 남자친구한테 서프라이즈 성공했고 너무 예쁘다고 눈물 흘릴 뻔했다고 했어요. 이런 반지 처음 껴본다고 너무 예쁘답니다! 저도 너무 맘에 들고요! 그동안 얼마나 끼고 싶었는지…. 꾹 참고 드디어 꼈네요. 나중에 또 액세서리 하게 되면 사장님께 갈게요" 여자친구의 서프라이즈로 남자친구가 감동한 사연이었습니다.

그럼 60~70대에서는 어떤 상품을 찾으셨을까요? 아무래도 연세가 있으신 관계로 건강과 믿음을 가질 수 있는 종교 반지, 팔찌입니다. 천주교 묵주 반지 또는 불교 반지로 옴마니반메훔이나 반야심경이 새겨져 있는 종교 반지나 만자, 옴자가 새겨져 있는 염주 팔찌를 선호하는 편입니다. 부모님 선물용으로도 찾아주고 있는 품목입니다. 어느 날 체격이 아주 좋으신 남성분이 매장으로 방문해주셨습니다. 연세가 좀 있어 보이긴 했는데, 체격이 좋아서인지 좀 젊어 보이는 분위기였습니다. 평반지에 옴마니반메훔을 깊은 각인으로 새겨 넣어달라는 주문을 받게 되었습니다. 혼자 끼시기 좀 미안하셨는지 반야심경이 새겨져 있는 반야심경반지를 부인에게 선물용으로 함께하셨습니다. 마침 부인의 손가락 호수를 잘 알고 계셨습니다. 부인을 생각하는 마음이 깊으신 듯했습니다. 그 고객의 반지 호수는 34호나 되었습니다. 아마 제 경력 31년 동안 34호는 손꼽을 정도의 큰 사이즈로 기억에 남습니다.

그리고 어느 날은 연세가 있으신 두 여성분의 우정 팔찌로 염주 팔찌와 반야심경 반지를 준비해서 인천으로 배송해드리기도 했었습니다. 언니, 동생을 하시며 저를 찾아오신 연세가 지긋한 세 여성분들의 천주교 묵주반지도 생각이 납니다. 10~70대까지 다양한 연령층이 찾아주고 누구나 찾을 수 있는 곳, 부담 없고 가성비 최고의 화려하지는 않아도 뭔가 믿음과 신뢰가 있고 사람 냄새가 있는 그런 작은 쥬얼리샵이 되도록 노력하고 있습니다.

투명하고 합리적인 영업으로 작은 가게 경쟁력을 높여준다

지난 5년 동안 참 많은 고객의 사연이 담긴 이니셜 목걸이를 제작해 드린 듯합니다. 남자친구가 여자친구에게 세상에서 하나밖에 없는 특별한 선물로 여자친구의 이름을 영문으로 제작해서 생일 선물을 합니다. 아마도 여자친구는 감동했을 겁니다. 다음에 여자친구는 남자친구 생일 선물로 남자친구의 이름으로 만든 이니셜 목걸이를 똑같이 선물합니다. 비로소 커플 목걸이가 된 사연입니다. 저와 카카오톡 상담을 했던 어느 커플의 사연이었습니다. 성년의 날을 맞이하는 딸에게 멋지고 소중한 아빠의 선물도 있었습니다. 평생 잊지 못할 아빠의 추억이 있는 선물이 되었을 겁니다. 사랑스러운 아기의 돌 선물로 띠 캐릭터가 붙어 있는 이니셜 목걸이를 평생 멋진 추억으로 아기에게는 기억될 겁니다.

중국 베이징에 계시는 고객의 가족 목걸이로 한자 이니셜 목걸이를 제작해서 한국에 있는 친정집으로 배송해드린 적도 있었습니다. 다행히 중국 한자는 아니어서 가능했었습니다. 여섯 명의 대가족이었습니다. 이니셜목걸이를 착용하고 떠들썩한 분위기가 상상이 가기도 했었습니다. 그때 드린 인증샷을 보시고 가족이 순서대로 되었다고 좋아하시며 인화해서 간직하실 거란 이야기도 해주셨었습니다. 상담 시 주신 이름 순서가 가족의 순서라는 걸 느낌으로 알고 있었습니다.

이니셜 목걸이를 상담하느라 가족과의 외식은 언제나 제대로 먹지도 못했던 기억이 납니다. 집사람이 떠먹여주기도 했었으니까요. 고객과의 상담은 보통 30분에서 한 시간 정도는 걸렸습니다. 몇 날 며칠이 걸린 적도 있었습니다. 카카오톡 상담이라 고객이 바쁠 때도 있었고 제가 상담 중 매장 방문 고객을 응대하느라 상담이 잠시 지연된 적도 있었습니다. 시간이 나는 대로 틈틈이 상담해드렸습니다. 시도 때도 없이, 잠자는 시간을 빼고는 하루 종일이라 해도 틀린 말은 아닐 겁니다. 대부분 카카오톡 상담을 통해 전국에서 찾아주신 고객들과 상담했었습니다. 물론 알아만 보시는 고객들도 많이 있었습니다.

주문 상담을 간단히 말씀드린다면, 우선 이니셜 크기를 가늠하고 선택합니다. 체형에 따른 체인 길이도 가늠해보고 보통 남자의 체형에는 50cm, 보통 여자의 체형에는 42cm를 기본 길이로 하고 있지만, 체형에 따라 길이는 선택하면 됩니다. 이니셜을 보내 주시면 폰트를 선택하게 됩니다. 가능한 폰트를 보내드리고 선택을 기다립니다. 선택이 끝나면 간단한 마무리로 주문이 끝나게 됩니다. 간단히 말씀드려 쉬운 듯하지만, 상담은 의외로 까다로운 일들이 많이 있었습니다. 일주일 후 공장에서 출고가 되면 꼼꼼한 검품을 하고 배송 준비를 위해 인증샷을 여러 장 찍어 고객에게 배송 전 인증샷을 보내드립니다. 그리고 오케이 하시면 배송하게 됩니다. 혹시 글자가 틀리지는 않았는지, 중량 정산은 맞았는지 살펴보라는 의미에서 반드시 배송 전에 꼼꼼한 인증샷을 드리고 있습니다.

지난 5년간 참으로 많은 고객들과 함께할 수 있었습니다. 이니셜 목걸이가 고객과의 인연을 만들어준 듯합니다. 누군가에게는 사랑을 전달해드렸고, 또 누군가에게는 잊지 못할 추억을 전달해드리기도 했습니다. 고객의 징검다리가 되어드렸다는 것에 가슴 뿌듯하고 보람을 느끼게 됩니다. 지금도 그때 함께하셨던 고객들의 문의가 계속되고 있습니다. 여자친구와의 커플링으로 다시 찾아주신 커플도 있었고, 엄마의 생신 선물로 다시 찾아주신 고객도 계셨습니다. 저와 맺은 인연이 영원한 인연으로 남을 수 있을 듯합니다. 지금도 고객의 목에 걸려 있을 이니셜 목걸이를 생각하니 흐뭇한 미소가 지어집니다.

아마도 종로3가 귀금속상가에서 카카오톡 상담으로 이렇게나 많은 고객과 함께한 사람은 저라고 해도 틀린 말은 아닐 듯합니다. 많은 고객과의 상담으로 누구도 따라올 수 없는 노하우를 가지게 되었습니다.

고객들이 만들어준 선물이라고 생각합니다. 이 글을 써 내려가고 있는 순간에도 그때그때 고객들과의 힘들었던 상담, 즐거웠던 상담 내용들이 스쳐 지나가는 듯합니다. 고객들의 취향은 모두 각각이었습니다. 뭔가 특별함을 추구하는 고객의 초대형 가로 10cm에 열 글자로 만든 것도 있었습니다. 대구에 계신 고객이신데, 만족하셔서 인증샷 후기까지 보내주셨습니다. 결혼 예물로 준비한 커플도 있었습니다. 미녀와 야수 커플링과 커플 이니셜 목걸이로 결혼 예물을 준비한 실속 있고 현실적인 젊은 커플도 있었습니다. 결혼 예물의 형식과 부담을 싹 날려버린 예물의 표본으로 삼아도 될 듯했습니다. 물론, 좋은 일들만 있었던 건 아닙니다. 구매 후 받아보시고 생각했던 것과 달라 실망하셨던 고객도 있었습니다. 그때는 제 마음도 참으로 아팠습니다. 멀리 지방에 계신 고객이라 직접 보고 구매하실 수 없어 카카오톡으로 상담하고 구매했었습니다. 찾아준 모든 분께 만족을 드리지 못함이 아직도 아쉬움으로 남습니다.

그동안 함께해주셨던 고객들이 있기에 이렇게 책에도 소개해드리게 되었습니다. 나이가 들어도 상담이 가능한 상황이라면 언제까지나 고객과 함께하기를 소망해봅니다. 제가 아무리 잘났다 해도 고객이 찾지 않는다면 아무 소용이 없게 됩니다. 제게도 이니셜 목걸이는 아주 특별한 의미가 있습니다. 바로 중량 정산 환급제를 만들어준 계기가 되어주었습니다. 글자 수와 체인 길이, 글자의 모양에 따라 중량은 기본 중량에서 완성 후 중량은 반드시 + − 되는 불편한 진실이 숨겨져 있었습니다. 완성 후 투명한 중량 정산으로 고객들의 큰 반응을 얻을 수 있었습니다. 덜 나오면 빼드리고 더 나오면 더 받는 투명하고 합리적인 계산 방법으로 많은 고객들의 관심과 호응을 받아왔습니다. 문을 닫을 위기에서 부활시켜준, 제게는 목숨 같은 이니셜 목걸이라고 할 수 있을 겁니다.

앞으로도 꾸준한 고객과의 상담은 계속될 겁니다.

본 책의 내용에 대해 의견이나 질문이 있으면
전화(02)333-3577, 이메일 dodreamedia@naver.com을 이용해주십시오.
의견을 적극 수렴하겠습니다.

나는 티파니보다 작은 쥬얼리샵이 좋다

제1판 1쇄 발행 | 2019년 5월 27일

지은이 | 이종원
펴낸이 | 한경준
펴낸곳 | 한국경제신문*i*
기획·제작 | ㈜두드림미디어

주소 | 서울특별시 중구 청파로 463
기획출판팀 | 02-333-3577
영업마케팅팀 | 02-3604-595, 583 FAX | 02-3604-599
E-mail | dodreamedia@naver.com
등록 | 제 2-315(1967. 5. 15)

ISBN 978-89-475-4463-4 (03320)

책값은 뒤표지에 있습니다.
잘못 만들어진 책은 구입처에서 바꿔드립니다.